21세기 대한민국 대외전략: 낭만적 평화란 없다

차 례
Contents

프롤로그 : 대한민국의 지정학적 운명

    지구상에서 한국만큼 특이한 지정학을 타고난 국가가 또 있을까? 복잡하게 생각할 것도 없다. 우선 미국, 일본, 중국 그리고 러시아 등 군사력 기준 세계 1~4위의 초강대국들이 한반도 주변에 포진해 있다. 경제력 기준으로도 상황은 비슷한데, 미국, 중국 그리고 일본 등이 세계 1~3위를 휩쓸고 있는 국가들이다. 한마디로 강대국에 둘러싸여도 이렇게 막강한 세력들이 포진하기는 힘들다는 사실을 알 수 있다. 그러나 기막힌 상황임에도 불구하고 한민족은 오천 년의 역사를 이어 오며 반도의 남쪽에 기적과 같은 빛나는 국가를 만들었다. 하지만 상식적으로 봐도 그렇게 된 것이 우연일 수는 없는 일이다. 생존과 번영을 위해 주변의 정세를 꿰뚫어 볼 수 있는 탁월한 외교적 식견과 그것을 현실화할 수 있는 힘이 필수적임은 말할 필요가 없다.

하지만 이는 최근의 일이고, 멀리 갈 것도 없이 시계를 100년 정도만 앞으로 돌려 보면 한민족의 한심한 상황을 그리는 데는 별문제가 없다. 19세기 말 극도로 쇠약해진 조선 왕조는 최악의 상황을 맞고 있었다. 국력을 기준으로 세계 7위 안에 드는 막강한 세력들이 한반도를 집어삼키기 위해 호시탐탐 노리고 있는 가운데, 특히 지리적으로 인접한 러시아와 일본이 가장 적극적이었다는 역사적 사실은 모두가 아는 바이다. 한반도가 자신들의 세력권이라고 생각하고 있던 종이호랑이 중국도 가만히 있지는 않았다. 문제는 한국의 능력이었는데, 그러나 거의 600년을 지속, 힘이 빠질 대로 빠진 쇠락한 왕조의 능력은 더 이상 평가의 대상이 될 수 없었다. 당시의 위정자들도 엄연한 현실을 인식 강대국 사이에서 줄타기 외교를 해 봤지만, 워낙 힘이 없다 보니 그것에도 한계는 있었다.

여기서 친중파, 친러파, 친일파 등으로 국내 위정 세력이 분열됐던 사실은 사사하는 바가 크다. 우선 힘이 약했기 때문에 지극히 대외 의존적이 될 수밖에 없었고, 따라서 어느 국가가 국권을 보존해 줄 수 있느냐를 판단해야만 했다. 바로 그 판단이 정확치 않았으므로 국내에 파벌이 조성됐던 셈이다. 만약 힘이 강했다면 어땠을까? 우선 국론이 그토록 분열되는 상황은 피할 수 있었을 것이다. 국력이 뒷받침되면 어느 한 국가에 기대지 않고도 어느 정도는 대등하게 주변국들과 이해를 교환할 수 있기 때문이다. 여기에 탁월한 외교력이 있으면 강대국 간에 힘의 균형을 도출하는 것 또한 불가능한 일만은 아니게 된다.

그러나 운 없게도 당시의 국제사회는 현재와 같은 개명된 모습을 결여하고 있었다. 따라서 힘없는 조선 왕조가 버티는 것은 한마디로 무리일 수밖에 없었다. 100년 전만 해도 강한 국가가 약한 국가를 먹어 버리는 것은 예사였고, 점령한 다음에는 그 이름도 지긋지긋한 식민지가 되기 일쑤였다. 한반도도 예외일 수는 없어서, 1910년 위대한 역사를 지닌 한국은 일본의 식민지로 전락하게 된다. 그 와중에 일본이 전통의 강국 중국을 격파하고, 유럽의 강자 러시아까지 물리친 사실은 역사책 어디에서도 찾을 수 있다. 여기서 당시에는 철천지원수였지만 일본이 무슨 재주로 한반도와 동북아시아를 손에 넣었는지는 외교전략이라는 관점에서 한번 짚어 볼 가치가 있을 것이다. 힘을 어떻게 외교적으로 투사했는지를 보여 주기 좋은 사례이기 때문인데, 상식적인 수준에서 판단해 봐도 엄청난 힘과 뛰어난 외교력이 발휘되었다고 가정하는 데는 큰 무리가 없다.

일반적으로 군사력이 세다는 것은 공산주의와 같은 이상한 체제가 아닌 이상 경제력도 강하다는 것을 의미한다. 따라서 강국들을 쉽게 물리친 사례를 보면 일본의 종합 국력을 짐작하는 데는 별 어려움이 없을 것이다. 하지만 국력은 절묘한 외교전략을 통해서만 대외적으로 투사된다. 그렇다면 일본은 무슨 짓을 한 것일까? 한 국가가 강한 외교력을 지니기 위해서는 우선 탁월한 외교 전략가들이 필요하다. 이들은 자신의 조국과 관련이 있는 이해를 정확하게 계산해야 하고, 그 이해를 관철시킬 수 있는 능력이 있어야 한다. 논리상 이해 당사국들의 능력과 전략, 그리고 그것에 기초하여 형성되어 있는 역학구도에 대한 예리한 통찰이 필요함은 물론이다.

19세기 말 일본은 국력의 상승기에 있었다. 일찍 서구 문물을 받아들이고 물불 안 가리며 배우기에 열중한 결과였다. 탈아입구(脫亞入歐)라는 유명한 말은 당시 일본의 전략과 태도를 상징하고 있다. 한마디로 지금부터 일본은 아시아가 아니라 유럽 국가라는 의미였다. 당시만 해도 아시아에 그런 태도를 지닌 국가는 없었으므로 아시아에 일본의 적수가 없는 것은 당연한 일이었다. 그러나 주변 정세가 만만치 않다는 사실은 일본이 외교력으로 넘어야 할 과제였다. 당시 중국에는 세계 상위권 국가들 거의 모두가 진출해 있었는데, 영국, 프랑스, 독일 그리고 러시아 등은 중국을 사실상 좌지우지하고 있었다. 그 귀퉁이에 한반도가 있었으므로 강대국들의 이해 범위는 언제고 한반도까지 확장될 수 있는 상황이었다. 일본의 경우는 반대로 대륙 진출이란 원대한 꿈을 꾸고 있었으므로 한반도에 대한 공략은 선결 과제일 수밖에 없었다. 이것이 바로 일본의 지정학적인 운명이라 보면 무리는 없을 것이다.

일본 외교의 탁월함은 우선 멀리 떨어진 유럽 정세를 정확히 읽었다는 데 있다. 1890년 이전 독일과 러시아는 동맹국이었다. 그런데 1890년 조금은 납득이 안 가는 이유로 독일이 이 동맹을 파기하면서 문제는 복잡해지기 시작한다. 프랑스가 먼저 민첩하게 빈틈을 파고들었고, 그 결과 1894년 프랑스와 러시아 간에는 동맹조약이 체결됐다. 독일을 좌우에서 두 강대국이 압박하는 형국이었으므로 독일 역시 대응 조치를 강구해야만 했다. 유럽대륙이 프랑스와 러시아에 좌우되는 것을 방지하기 위해 영국 역시 움직이면서, 유명한 독일과 영국의 동맹협상이 시작되는데, 문제는 동맹에 대한 인식의 차이였다. 영광스런 고립(splendid isolation)이라는 영국의 전통적인 외교정책이 상징하듯 역사상 한 번도 동맹조약을 체결한 적이 없는 영국은 묵시적인 동맹, 즉 약한 수준의 동맹 혹은 협상(entente)을 원하고 있었다. 반면 독일은 대륙 국가들이 늘 활용했던 강한 동맹을 바랐고, 결과적으로 양국이 입장 차이를 좁히지 못하면서 교섭은 실패로 끝나게 된다.

바로 이 간극을 파고든 것이 일본이었기에 일본의 외교력을 높이 평가하는 것이다. 일본은 우선 영국이 원하는 바를 정확히 이해하고 있었다. 영국이 움직인 이유가 프랑스와 러시아였으므로 만약 일본이 이 두 국가 중 하나를 견제할 능력이 있다면 영국을 끌어들이는 것이 가능하다는 계산을 하게 된다. 아무튼 동북아시아에서 일본이 러시아를 압박할 능력과 의사가 있다는 것을 영국이 인정하면서 양국 간에는 동맹조약이 맺어졌다. 유명한 1902년의 영일동맹은 바로 그런 계산의 결과였는데, 영일동맹에는 다음과 같은 유명한 조항이 있다. 영국과 일본 중 한 나라가 또 다른 나라와 전쟁을 하게 되면 나머지 국가는 중립을 취하지만, 두 국가와 전쟁을 할 때는 나머지 한 나라도 참전한다는 내용이 그것이다. 즉 일본이 러시아 한 국가와 전쟁을 하게 되면 영국은 중립을 지키지만, 유럽에서의 프랑스와 러시아동맹에 기초, 프랑스가 러시아 편에 서서 참전할 때는 영국이 일본 편을 들어 전쟁을 함께 수행한다는 의미였다.

세계 최강 영국을 상대로 프랑스가 참전하기는 힘들었기에 일본의 경우 러시아와 일대일로 싸우는 것이 가능해졌다.

1905년 일본은 드디어 러시아와 한판을 벌인 후 승리를 취하면서 동북아시아를 제패할 수 있는 기회를 잡을 수 있었다. 영일동맹에 일본의 한반도에 대한 우월적 지위를 인정한 조항이 있다는 점은 잘 알려진 사실이다. 그렇게 보면 영일동맹 때문에 동북아시아의 패자는 사실상 가려진 셈인데, 이것이 바로 동맹을 이끌어 낸 일본의 외교력을 일본 외교사의 백미로 간주하는 이유다. 흥미롭게도 동맹의 교섭과정에서 일본은 한반도 조항을 끈질기게 요구했다. 영국은 그 점을 납득할 수가 없었는데, 당시 영국을 설득하기 위해 설파된 논리가 그 유명한 '일본의 심장을 겨누는 단도'라는 지정학적 설명이었다. 즉 한반도가 대륙에서 일본을 침공하는 유일한 루트이므로 일본이 한반도에 대한 영향력을 상실하는 것은 일본의 심장을 찌를 수 있는 단도를 다른 국가에게 헌납하는 것이나 다름없다는 논리였다. 현재 국력이 그토록 차이가 남에도 한국이 일본과 멀어지는 경우 잔뜩 긴장하는 일본의 태도가 왜 그런지는 이로써 분명해진다.

당시에는 우리에게 원수였고, 지금도 감정의 앙금이 남아 있는 일본의 외교사를 다소 자세하게 살펴본 이유는 국력이 무엇인지, 이를 국제관계에 투사하는 능력은 어떤 것인지, 나아가 그 결과와 파장은 무엇인지를 1900년을 전후한 일본의 외교가 잘 보여 주고 있기 때문이다. 우리에게는 너무도 뼈아픈 기억이지만, 힘이 없으면 어떻게 되는지, 반대로 힘이 있는 국가가 그것을 잘 활용하는 경우 국제사회에서는 어떤 이득을 취할 수 있는지를 당시 동북아시아의 국제정세가 적나라하게 보여 주기에 쓰라린 기억을 싫지만 반추해 본 것이다. 모든 사안에는 역사적인 배경이 있기 마련이므로 한국의 바람직한 대외전략을 알아보는 데도 같은 원칙을 저버릴 수는 없는 일이다. 다시 말해 오늘날 우리가 접하고 있는 복잡한 주변 정세도 역사적 뿌리가 있다는 의미인데, 불행히도 영일동맹의 결과 한반도가 식민지로 전락하며 한국이 자력으로는 독립을 취하지 못했다는 현실이 현재의 뿌리였다.

전후 한반도 주변 정세의 형성 배경

불완전한 독립

　한국의 독립은 스스로의 힘으로 이루어지지는 않았다. 1943년 카이로(Cairo) 회담에서 한국 문제는 처음 다루어지기 시작했다. 그러나 적절한 시기에(in due course) 한국을 독립시킨다는 애매한 언급이 전부였다. 곧이어 열린 테헤란(Teheran) 회담, 1945년에 열린 얄타(Yalta) 회담, 뒤를 이은 포츠담(Potsdam) 회담 등 어느 것도 한반도의 완전한 독립을 보장하지는 않았다. 국제정세가 엉킨 것은 더욱 큰 문제였다. 1945년 8월 6일 일본의 히로시마에 첫 원자폭탄이 투하됐고, 9일에는 나가사키가 같은 폭탄으로 공격을 받으면서 전쟁은 사실상 끝나게 된다. 하지만 히로시마에 폭탄이 떨어진 바로 다음 날 소련이 일본에 대해 선전포고를 하면서 문제는 복잡해질 수밖에 없었다. 우선 소련은 불과 닷새 만에 북한 지역에 진출할 수 있었다. 이때 한반도 처리 문제에 별 아이디어가 없었던 미국의 황급한 제안이 38도선 분할이었는데, 후일 주한 유엔군 사령관이 되는 본스틸(Charles Bonesteel) 대령과 국무장관의 자리에 오르는 러스크(Dean Rusk) 중령이 지도상 한반도의 중간에 해당하는 위도 38도선을 분할선으로 착안했다는 점은 이미 잘 알려진 사실이다. 그러나 미국의 수뇌부도 소련이 분할 안을 거부하는 경우 미국에게 뚜렷한 대안이 있다고는 생각하지 않았다. 한반도의 운명이 얼마나 아슬아슬했는지는 짐작하고도 남음이 있을 것이다. 여기서 소련이 제안을 수락한 이유는 전후 일본 문제의 처리에서 일정의 지분을 얻기 위함이었다.

아무튼 양국의 합의가 이루어진 후 미군의 38도선 이남 진주는 소련보다 한참 늦은 9월 8일에야 이루어졌다. 물론 통일 정부의 수립을 위해 1945년 12월 모스크바 삼상회의가 열린 것은 사실이지만, 이듬해 3월 미소공동위원회가 파행 운영된 사실에서 드러나듯, 한반도의 분단은 이미 기정사실화되어 가고 있었다. 여기서 중요한 것은 미국과 소련의 전략이었다. 우선 미국의 경우 국제정세를 세계적 차원에서 다루어 본 경험이 없었다. 즉 한반도가 지정학적으로 지니는 의미를 알지 못했다는 뜻이다. 전후에도 제2차 세계대전의 사실상 동맹국인 소련이 미국의 우호국으로 남을 것이라고 미국이 굳게 믿은 사실을 보면 미국의 순진함은 숨길 수 없는 사실이었다. 반면 소련의 전략은 치밀했다. 옛 제정 러시아 때부터 한반도를 놓고 일본과 치열한 각축전을 벌인 경험이 있었으므로 한반도의 가치를 잘 알고 있었고, 따라서 일단 한반도에 먼저 진주하면 유리한 입장에 설 수 있다는 사실을 꿰뚫고 있었다. 한마디로 비용이 적게 든다면 한반도를 포기할 이유가 없었던 것이다. 그렇게 보면 미국의 제안대로 38선 이북 지역까지만 진군한 것은 대단히 예외적인 상황이라 할 수 있는데, 같은 맥락에서 패전 일본에 대한 교섭권을 얻기 위해 한반도 남쪽의 점령을 일단 유보했다는 앞서의 분석은 설득력이 있을 수밖에 없다.

미국의 경제적 개입

아무튼 남쪽은 공산화를 피해 1948년 8월 대한민국이 수립됐고, 이어 9월 북쪽 역시 조선민주주의 인민공화국이 출범함으로써 한반도는 분단된다. 38선이 그어지는 과정에서 전개됐던 아슬아슬한 상황이 대한민국을 다시 한 번 기다리고 있었는데, 파장은 분단 당시의 그것보다 오히려 컸다. 1948년 북한 정권이 성립된 지 3개월 후인 12월 소련군이 북한에서 철수하면서 문제는 불거지게 된다. 그 대응 카드인 남한의 미군 철수 문제 또한 현안이 될 수밖에 없었기 때문이다. 수순을 보면 소련군이 먼저 철수 한 것으로 비쳐지지만, 소련군의 철수가 단행되기 훨씬 이전인 4월 미군의 철수 역시 결정된 상태였다. 1948년 4월 미국 백악관에서 열린 안보회의에서 확정된 미국의 한국 정책은 미군은 철수하되 한국 방위군의 훈련과 무장을 위한 군사원조는 확대하고, 경제적 붕괴를 막기 위해 광범

위한 경제원조를 제공하는 것이었다.

1948년 12월 역사상 처음으로 한미경제협정이 체결되었고, 1950년 3월 당시 기준으로는 큰 금액인 6,000만 달러가 원조금으로 확정됐다. 여기서 중요한 것은 한국의 대외경제관계가 처음부터 미국을 중심으로 형성됐다는 사실이다. 다시 말해 자본주의 최강국과 떼려야 뗄 수 없는 관계를 맺기 시작했다는 의미인바, 이후 미국은 한국경제의 근간을 이루게 된다. 당시 미국의 원조를 받은 국가는 많지 않았는데, 서유럽, 그리스와 터키, 그리고 중국의 국민당 정부 등이 전부였다. 아무튼 그때 시작된 원조는 1972년까지 지속됐다. 같은 기간 개별 국가의 수준에서 미국이 제공한 원조 수혜국 1위가 이스라엘, 그리고 2위가 한국이라는 통계는 미국의 대외원조에 비추어 한국의 위상이 어떠했는지를 보여 주고 있다. 운명적으로 한국은 미국과 자본주의와 민주주의를 공유하게 됐고, 같은 맥락에서 자본주의 최강국 미국과의 연계가 가능했다고 보면 무방할 것이다.

봉쇄정책과 새로운 전략의 약점

소련의 사주, 공산 중국의 뒷받침, 그리고 북한의 과감한 도발은 한국전쟁의 배경이었다. 그러나 북한의 불장난은 엄청난 결과를 초래했고, 그 연장선상에 현 한반도 역학구도가 만들어졌다고 보면 큰 무리는 없을 것이다. 우선 전쟁이 세계적인 수준으로 비화된 것이 중요했다. 세계 수준의 전쟁이라는 표현에 걸맞게 한반도의 전략적 가치가 강대국들에 의해 재평가되는 계기가 마련됐기 때문이다. 그렇다면 한국전쟁은 피할 수 없는 전쟁이었을까? 아래의 설명이 보여 주듯 반드시 불가능한 일은 아니었을지도 모른다. 하지만 세상에 무료 점심은 없다는 진리가 보여 주듯, 비록 전쟁의 피해는 컸지만, 이를 잘 활용한 한국과 미국이었기에 오늘날 번영의 기초가 닦여진 점만은 분명하다.

세계대전 직후 소련은 우선 남유럽의 요충지인 그리스와 중동 진출의 길목인 터키를 공산화시키려는 야심을 키우게 되는데, 이것이 봉쇄정책(containment policy)의 탄생 배경인 1947년의 유명한 그리스와 터키 사태였다. 당시 그리스는 기존의 친영국 정권과 공산주의자들 간에 내전이 진행 중이었고, 그리스가 공산화되는 경우 지리적으로 직접 연계되어 있는 터키의 미래도 장담할 수는 없는 상황이었다. 특히 터키에 대해서는 소련 자신이 일정 부분의 영토 할양과 기지 건설권을 주장하고 있었다. 당시 양국 모두는 영국의 영향권하에 있었지만, 세계대전에 힘이 소진된 결과 영국이 두 국가를 보호할 수 없게 되자 미국이 대신 나서면서 미국과 소련의 정면 승부가 전개되기 시작한 것이다. 1947년 3월 미국의 트루먼 대통령이 양국에 대해 경제원조를 천명한 이른바 트루먼 독트린이 발표되면서 그 유명한 미국의 대소 봉쇄정책이 시작되었고, 이는 곧 냉전으로 이어지게 된다. 아무튼 전후 소련과 협력관계가 유지될 것이라는 미국의 기대 혹은 예측과는 전혀 다른 상황이 전개됐음을 알 수 있다.

그렇다면 미국이 태도를 바꾼 배경은 무엇이었을까? 그 시점 발표된 유명한 논문 한 편이 미국의 움직임에 결정적인 역할을 했다는 사실에 이의를 다는 경우는 거의 없다. 당시에는 익명으로 발표되었지만, 저자는 당시 미국 최고의 전략가였던 케넌(George Kennan)이었다. 논문의 내용은 소련의 실체가 무엇인지에 대한 예리한 분석을 담고 있었는데, 미국의 이상주의를 깨는 대담한 분석으로 평가되고 있다. 소련이라는 공산주의 국가의 실체는 과거 러시아의 전통과 공산주의라는 이데올로기 모두를 지니고 있는 독특한 국가라는 설명이 논의의 출발이었다. 여기서 러시아의 전통이란 끊임없는 외침과 막대한 인명 피해 때문에 형성된 공포, 나아가 이를 극복하기 위해 팽창을 거듭하여 한반도까지 달려온 팽창주의를 의미하고, 공산주의적 특징이란 공산주의 독트린이 전해 준 세계 공산화의 의무를 뜻한다. 전략적인 관점에서 전자의 경우 방어적인 성격을 띠고 있다면 후자는 공세적인 팽창주의라는 내용을 담고 있었다. 따라서 소련은 애초 미국의 예상과는 달리 무한정 팽창하는 특성을 지니고 있으므로 그것을 봉쇄하는 것이 미국의 이해라는 지적이다.

아무튼 트루먼 독트린과 케넌의 분석이 소련을 봉쇄하는 정책의 시발점과 논리적 초석인 것만은 분명했다. 그러나 대소 봉쇄정책에는 치명적인 결함이 있었다. 세계지도를 펼쳐 놓고 볼 때 어디까지가 봉쇄선인지에 대한 전략적 고려가 없었기 때문이다. 중동, 아시아, 그리고 유럽 등 주요 지역에 대한 침투의 선택권은 소련이 쥐고 있다는 사실도 봉쇄정책의 허점이었다. 나아가 봉쇄선이 넓고 길어지는 경우 막대한 자원이 소진된다는 약점도 있었다. 새로운 정책의 취약성에 대한 시험은 곧 이어졌는데, 그 한가운데 한국전과 월남전이라는 과거와는 다른 형태의 전쟁이 존재한다고 보면 무방할 것이다.

한국전쟁의 전략적 배경

봉쇄정책에는 미국의 이해에 비추어 전략적으로나 정치적으로 계산이 대단히 복잡한 지역을 소련이 공략할 수도 있다는 의미가 담겨 있었다. 바로 여기서 미국의 이해를 기준으로 전략적 가치가 떨어진다고 여겨지는 한반도를 소련이 침투하는 경우 미국은 어떻게 할 것인가라는 질문이 가능해지는데, 우선 한국에서 미군이 철수한 후 경제원조를 중심으로 한국과의 관계를 이어 간다는 미국의 계산은 이미 소개한 바와 같다. 하지만 외교 및 군사적인 관점에서는 이런 미국의 계획 역시 치명적인 약점이 있었다. 한반도에서 미군과 소련군의 동시 철군이 외형적으로는 동등해 보일지 모르지만 전략적으로는 그렇지 않았기 때문이다.

북한은 소련 및 중국과 국경을 맞대고 있다. 이 말은 곧 소련과 중국의 경우 유사시 두만강과 압록강을 넘으면 군사력의 투사가 즉시 이루어진다는 뜻이다. 반대로 한반도와 미국 본토 사이에는 태평양이 가로놓여 있는데, 따라서 미국이 한반도에 군대를 파견, 즉 힘을 실제로 투사하기 위해서는 군대와 장비의 이동 및 운반에 적지 않은 시간과 많은 자원이 소진될 수밖에 없다. 한반도 남쪽이 지닌 지정학적 취약성은 이로써 분명해지는바, 다시 말해 소련군과 미군의 철수가 동일한 가치를 지니고 있지는 않다는 의미이다. 보다 전문적인 용어로는 남쪽에 눈에 보이지 않는 힘의 공백(power vacuum)이 존재했음을 알 수 있다.

위의 취약성은 다음의 발언을 통해 확대됐다. 1949년 3월 맥아더(Douglas MacArthur) 장군은 필리핀, 류구군도, 오키나와, 일본 그리고 알류산 열도가 미국의 방어선이라고 설명한 적이 있다. 전략가들은 이 발언을 북한 혹은 중국이 아닌 소련과 미국이 전쟁을 벌일 경우 상기의 섬들을 봉쇄하면 소련을 견제할 수 있다고 해석하지만, 한국이 제외되어 있었으므로 북한을 비롯한 공산권이 오해할 소지는 충분히 있었다. 이듬해 1월 국무장관 애치슨(Dean Acheson) 또한 한반도가 미국의 방어선에서 제외되어 있다는 굳이 밝힐 필요가 없는 사실에 대한 발언을 하게 된다. 미국의 개입이 없을 것이라는 북한의 판단은 따라서 분명 근거가 있는 것이었고, 소련의 경우도 자신들의 자원이 많이 소진되지 않는다면 봉쇄정책의 약한 고리를 공략함으로써 봉쇄선 자체를 흔들 수 있는 기회를 마다할 이유는 없었다. 1949년 중국 본토가 공산화된 것 역시 중요한 요인이었다. 북한의 맹방이 또 하나 등장한 셈이었는데, 중국의 입장에서도 중국의 심장부 앞쪽에 민주자본주의 국가인 한국이 존재하는 것이 달가울 리는 없었다. 아무튼 이상이 한국전쟁의 배경이다.

전쟁이 발발하자 놀랍게도 미국은 즉시 개입했다. 소련이 북한을 사주하여 일단 전쟁을 일으킨 다음 상황이 유리해지면, 한반도의 남쪽뿐만 아니라 미국 방어선의 약한 고리를 모두 공략할 수도 있다는 것이 당시 미국의 판단이었다. 불행히도 미국의 개입에 대한 대응으로 중국이 참전하면서 한국전은 세계적인 규모의 국지전으로 발전할 수밖에 없었다. 전문용어로는 대규모의 제한전(limited war)이 한반도에서 일어난 셈인데, 이 역시 미국이 한국전에 참전한 논리와 비슷하게 세계 전체를 아울러야 하는 미국의 전략에 기초하고 있었다. 즉 한국전에 미국을 깊이 끌어들인 후 서유럽을 소련이 공격할 수도 있다는 계산이 확전을 억제했다는 의미이다.

결과는 무승부였다. 하지만 여기서 중요한 것은 전쟁을 겪은 후 한국의 지정학적 가치가 재평가되면서 안보의 확충과 경제의 부흥이라는 측면에서는 획기적인 전기가 마련됐다는 사실이다. 앞서 한국이 공산화되지 않고 독립하는 과정이 너무도 아슬아슬했듯이, 한국전의 발발과 미국의 극적인 참전 또한 시나리오를 쓰면 그렇게 될 수 없을 정도로 숨 가쁜 역사의 전개였다. 결국 민주자본주의 국가 하나가 한반도 위쪽의 방대한 공산 지역 밑에 조그맣게 자리 잡은 셈이었는데, 이것이 바로 한국의 생존과 번영을 또 다른 기적으로 간주하는 이유임은 물론이다. 한국의 독립과 생존, 그리고 번영이 외교사의 관점에서는 마치 로또 복권이 당첨되는 확률과 같다는 일부 전문가들의 주장이 무리만은 아님을 알 수 있다.

대한민국 안보 및 경제의 기본 구도

힘의 공백과 공백 메우기[1]

앞서 설명한 바와 같이 미군과 소련군이 철수하면서 전략구도상 남쪽에 힘의 공백이 생성된 사실은 한국전쟁의 주요 원인이었다. 이 점은 현재에도 영향을 미치기에 자세히 조명해 볼 필요가 있는데, 이해를 위해서는 먼저 국제정치에서 가장 영향력이 큰 이론으로 간주되는 세력균형(balance of power)에 대한 설명이 있어야 한다. 세력균형의 원리는 우선 다음과 같은 대단히 상식적인 판단에 기초하고 있다. 경쟁 혹은 적대 관계에 있는 두 국가를 가정하는 경우, 서로가 상대 진영의 힘에 맞대응할 수 있는 등가의 능력을 갖추게 되면 힘의 균형이 형성되어 충돌을 피할 수 있다는 것이다.

그렇다면 힘의 균형이 일단 이루어진 후 균형을 뒷받침하는 특정의 중심 세력이 약화되는 경우에는 어떤 일이 발생할까? 당연히 한쪽의 힘이 약해질 것인바, 이를 전문 용어로는 힘의 공백(power vacuum)이라 한다. 세력균형의 가장 큰 역할은 두 진영 간의 힘이 팽팽하여 전쟁을 방지할 수 있다는 것인 반면, 반대로 힘의 공백은 한쪽의 세력이 약해졌다는 것을 의미하므로 세력균형 때와는 달리 충돌 가능성은 더욱 높아질 수밖에 없다. 세력이 약화된 측이 빠른 시간 내에 새로 생긴 공백을 힘으로 메우지 못하면 그 진영이 충돌 시 패배할 가능성이 높아지는 것은 의심의 여지가 없다. 물론 상대 진영도 공백을 자신이 메우며 과거보다는 유리한 환경을 조성하려고 힘쓸 것이므로 공백을 메우는 과정에서 충돌 가능성이 높아지는 것은 당연한 일이 된다.

제2차 세계대전 후 일본이 남긴 한반도 상의 힘의 공백은 미군과 소련군의 진주로 메워졌다. 그러나 1948년 12월 소련군이 북한으로부터 철수하면서, 미국도 주둔의 명분이 사라졌으므로 1949년 6월까지 철군을 끝내게 된다. 하지만 균형의 원리상 안정이 흔들렸다는 것이 문제였다. 미군과 소련군이 동시에 철수했으므로 힘의 공백은 남쪽과 북쪽 모두에 생성됐지만, 소련군과 미군의 철수가 등가일 수 없다는 앞의 설명이 보여 주듯, 잠재적 힘의 투사에 있어서는 북쪽이 유리한 위치에 있었고, 이 말은 곧 한반도의 남쪽에는 눈에 보이지 않는 힘의 공백이 생성됐음을 의미한다. 따라서 북한의 침공은 이 공백을 북한이 메우겠다는 뜻이었고, 반대로 미국의 참전은 역으로 남쪽의 공백을 북쪽 진영이 메우는 것을 허락하지 않겠다는 메시지였다.

1953년 10월 체결된 한미상호방위조약이 중요한 이유는 바로 이러한 역학구도에서 찾을 수 있다. 특히 조약의 담보로 미군이 한국에 주둔하게 되었다는 것은 위에서 설명한 잠재적 힘의 투사에서 지정학적으로 열세에 있는 남쪽의 상황을 더 이상 방치하지 않겠다는 한국과 미국의 의지였다. 미군의 주둔으로 한반도에서 힘의 공백은 완전히 메워졌으므로 균형은 만족할 만한 수준으로 회복된 셈이었다. 현재까지 전면전이 없는 가운데 한반도가 평화를 유지할 수 있는 핵심 메커니즘은 이로써 분명해진다. 논리상 이 균형에 문제가 생기는 경우 한반도 정세는 다시 불안정해질 수밖에 없는데, 1990년대 초 소련의 멸망은 해방 직후 한반도 남쪽에 형성된 힘의 공백과 비슷하게 이번에는 북쪽에 힘의 공백이 생성됐다는 사실을 의미한다. 이 점에 대해서는 후술하기로 한다.

주한 미군의 역할

위의 분석은 주한 미군이 지역 균형의 핵심 수단이었음을 보여 주고 있다. 그러나 다음의 해석을 통해 알 수 있듯이 주한 미군의 전략적 의미가 한반도에만 국한된 것은 아니었다: "미국은 서울과 휴전선 사이에 미 지상군을 배치하였고 전술핵을 배치함으로써 한국의 휴전선을 공고한 전쟁 억지선으로 만들었다. 냉전 기간 동안 한반도를 가로지르는 155마일의 휴전선은 동시에 미국과 소련 사이에 그어진 전 세계적 차원의 전략

균형선이었던 것이다."[2] 구체적으로, "냉전기간 동안 미국과 소련의 이익관계는 전 세계적 차원에 걸쳐 연계되어 있었다. 미국과 소련의 전략은 똑같은 것으로 양국은 모두 전 세계 차원에서의 전략균형(Global Strategic Balance)을 위해 노력하고 있었다."[3] 즉 한국에서 나오는 고유한 이익도 중요하지만 한국 및 주변의 정치경제 상황이 변질되는 경우 그것이 각각 미국이나 소련에 미칠 전략적 영향이 무엇인가가 초강대국에게는 더욱 중요했다는 의미이다.

주한 미군의 이해 자체가 한국과 주변국에 한정된 것만은 아니라는 점을 알 수 있는바, 뒤집어 말하면 주한 미군에 대한 중요한 움직임 어떤 것도 강대국들의 세계전략과 맞물려 있다는 뜻이다. 주한 미군이 지니고 있는 현재의 의의와 미래의 가치가 일차적으로는 세계 전략적 차원에서 판단 및 결정된다는 사실은 이로써 분명해진다. 지역적으로 한정하는 경우에도 주한 미군에는 일반인들이 눈치채기 힘든 또 다른 함의가 숨겨져 있었다. 주한 미군은 일차적으로 남쪽과 북쪽 사이의 힘의 균형을 유지하는 핵심 수단이지만, 처음부터 일본의 방위를 위한 또 다른 차원의 가치가 내재되어 있었다는 점은 숨길 수 없는 사실이다. 즉 영일동맹의 교섭과정에서 분명히 드러났듯이 일본의 경우 한반도가 자신들의 심장을 겨누는 단도라는 생각에 변함이 없다면, 한반도의 남쪽이 우호 및 동맹국인 한국과 미국에 의해 지켜진다는 것은 논리상 일본 열도 방위의 첫 단추가 끼워지는 것을 의미하기 때문이다.

하지만 그런 전략적 함의 뒤에는 또 다른 계산이 숨겨져 있기에 이를 정확히 이해하는 것은 쉬운 일이 아니다. 제2차 세계 대전을 일으킨 독일과 일본이 향후 강력한 군사력을 동원, 또 다시 불장난을 하는 것은 어떤 식으로든 막아야만 했다. 그렇다면 두 국가 모두 비무장, 혹은 통제 가능한 군사력을 지닌 상태를 유지하는 것이 가장 바람직하지만, 여기서 일본의 군비가 억제된다는 것은 미국이 일본의 방위를 책임져야만 한다는 것을 뜻한다. 이것이 바로 일본의 방위가 일차적으로는 한반도에서 보장되고, 나아가 그것이 뚫리는 경우에도 일본 본토 자체를 일본 주둔 미군과 새로이 증파되는 증원군이 다시 한 번 보장한다는 전략이 채택된 이유였다. 따라서 주한 미군은 일본의 재무장을 억제하는 핵심 수단임을 알 수 있는데, 뒤집어 보면 주한 미군이 없는 경우 일본이 재무장을 안 할 명분 또한 사라진다는 의미를 담고 있다. 아무튼 그런 깊은 뜻이 있기에 주한 미군의 역할을 다시 한 번 조명해 보는 것이다.

한미방위조약에는 위기 시 미국의 자동개입 조항이 없었다. 당시 한국의 입장에서는 일단 미국이 꺼림칙하게 생각했던 방위조약을 맺는 것이 급선무였으므로 서유럽 나토 수준의 자동개입 조항을 주장할 입장이 아니었다. 하지만 이 문제는 미군의 한국 주둔으로 말끔히 해결된다. 우선 5만 명 이상인 한반도 남쪽의 미군을 통해 미국의 자동개입을 일차적으로 담보할 수 있었다. 미군을 수도 이북의 민감 지역에 집중 배치함으로써 유사시 미군이 자동으로 교전할 수밖에 없는 조건이 만들어진 점은 더욱 중요했는데, 전문 용어로는 인계철선(tripwire)이라 한다. 용어 자체가 의미하듯 일단 불이 붙으면 본체까지 그 파급효과가 정확하게 전달된다는 의미였다. 아무튼 그런 방위체제의 구축으로 한국은 국가 존립과 번영의 필수 조건인 방위력과 경제력 중 전자를 확실히 다지게 된다.

경제운영의 미숙과 경제적 고통

한국문제에 적극 개입을 결정한 이상 미국은 한국의 장래에 대해 신경 쓰지 않을 수 없었다. 전쟁으로 사실상 폐허가 된 한국은 우선 먹고사는 문제를 해결해야만 했는데, 불행히도 미국으로부터의 원조가 유일한 해결책이었다. 1952년 주로 군사 중심의 미국원조는 1억 6천만 달러 수준이었으나, 전쟁이 끝난 후 경제 중심의 원조가 시작되면서 1955년에는 그 규모가 약 2억 7천만 달러로 급증한 후, 1957년에는 3억 8천만 달러로 팽창하게 된다. 아무튼 그런 관계가 전후 한미 경제협력의 첫 모습이었다.

문제는 원조만으로 한국경제의 지속적인 발전이 가능하겠냐는 것이었고, 또한 원조를 언제까지 무한정 할 수도 없는 일이었다. 이것이 인류역사상 처음으로 후진국 경제를 도약시키기 위한 새로운 경제정책의 입안 배경인데, 당시 한국의 경제정책을 살펴보면 새로운 정책이 얼마나 획기적인 면을 담고 있었는지를 알 수 있다. 1945년 제2차 세계대전이 끝난 후 독립한 다수의 국가들은 대부분의 경우 인도가 개발한 경제개발 전략을 모방하고 있었다. 과거 식민지라는 쓰라린 경험을 되풀이하지 않겠다는 것을 함의한 수입대체정책(import substitution policy)

은 경제개발전략의 상징이었다. 외부의 간섭을 배제한 자력갱생의 길을 의미하는바, 수입을 최대한 억제한 가운데, 물품의 국내생산에 정부의 인센티브를 제공함으로써 장기적으로 필요한 물품을 국산화시킨다는 것이 내용의 중심축을 이루고 있다. 한마디로 대단히 폐쇄적인 경제정책이었던 셈이다.

한국전쟁 후 이승만 정부도 동일한 정책을 답습하고 있었지만, 성공의 보장은 어디에도 없었다. 특히 미국의 태도는 다음과 같은 이유에서 회의적이었다. 우선 후진국의 경우 국내에서 필요한 물품을 만족할 만한 수준에서 생산할 수 있는 기술이 있을까? 아울러 아무리 보호주의 정책을 취한다 하더라도 물품의 생산을 위해서는 국내에서 생산되지 않는 원자재와 기술 집약적인 중간재의 수입이 불가피한데, 그렇다면 수출에 신경을 쓰지 않는 상황에서 무슨 돈으로 이를 수입하느냐는 역설도 사실상 풀 수 없는 난제였다. 상황이 그런 경우 만성적인 무역적자가 가시화되면서, 결과적으로 경제는 외환부족 현상으로 고통을 받게 된다. 여기에 보호주의 때문에 경쟁에 노출되지 않은 국내 상품의 가격이 상승하는 현실과 후진국 특유의 재정팽창이 더해지면 인플레이션은 만성화될 수밖에 없다. 특히 부족한 외환의 활용을 위해 정부가 외환할당제를 실시하면서 권력에 대한 로비를 통해 경제와 정치가 부패의 고리를 통해 결탁되는 현상은 가장 심각한 문제였다.

아무튼 이것이 1950년대 이승만 정권 당시 한국경제의 실상이었다. 한국경제 발전의 초석이 된 수출주도형 경제발전 정책을 박정희 대통령의 아이디어로 생각하는 경우가 많지만 다음의 설명이 보여 주듯 사실은 사뭇 달랐다. 1958년 당시 부흥부의 지원으로 미국에서 교육을 받은 한국경제 전문가들을 중심으로 경제개발위원회(Economic Development Council)가 구성되었고, 뒤이어 발족한 한미경제위원회(Korean-American Economic Board)와 연계되면서 한미 간에는 처음으로 경제문제를 해결하기 위한 공식적인 연결고리가 만들어졌다. 여기서 미국이 제안한 경제개혁은 국내경제의 안정화와 대외경제의 현실화, 즉 외환제도의 혁신이었다. 안정화란 과도한 재정지출을 억제, 균형재정을 이룸으로써 국내적으로 물가를 안정시키는 것을 의미했고, 환율제도의 개혁은 고평가되어 있는 한국 통화에 제자리 매김을 함으로써 대외 불균형을 바로잡자는 것이었다. 특히 환율의 고평가를 시정하기 위해 평가절하를 단행하는 것은 곧 한국 상품의 수출이 촉진되는 것을 의미했으므로 수출주도형 정책의 초기 모습이 당시 이미 선을 보인 것만은 분명했다.

하지만 좋은 제안이라는 것은 이승만 정부도 알았지만, 앞서 살펴본 외환 중심의 정경유착 때문에 제안을 현실화시키는 것은 쉬운 일이 아니었다. 외환 및 수입 할당제를 통해 당시 여당인 집권 자유당이 막대한 이득을 취하고 있었고, 이 자금이 곧 자유당의 정치자금이었으므로 자유당의 반발이 이어졌던 것이다. 정권의 운명을 걸고 정책을 시행할 수는 없는 일이었으므로 이승만 정부도 미국의 제안을 일단 유보하게 된다. 그 후 장면 정부에서는 수출주도형 경제성장 정책에 대한 보다 세부적인 계획이 입안되었으나 정권 자체가 단명했으므로 경제개혁의 공은 다시 한 번 박정희 정권으로 넘어갈 수밖에 없었다. 아무

튼 이상이 전후 한국경제가 마주친 실상과 수출주도형 정책이
개진된 배경이다.

수출주도형 개방정책의 시행

새로이 들어선 군사정부는 우선 과거 권력과 연계되지 않
았다는 장점이 있었다. 특히 1961년 11월 워싱턴에서 열린 박
정희 국가재건회의 의장과 미국 케네디 대통령 간의 역사적인
회담은 전환점이었다. 공동성명에는 명시되지 않았지만 다음
과 같은 핵심 사안에 합의가 이루어진 것으로 알려지고 있다.
여기서 한국의 경제개발과 관련 가장 중요한 것은 1958년 이
래 미국이 제안한 수출주도형 정책을 현실화시킨다는 합의였
다. 같은 연장선에서 일본과 국교를 정상화하여 한국경제와 강
대국 일본이 연계되는 구도가 정착되도록 합의가 이루어진 것
도 중요한 변화였다. 아무튼 1963년 12월 공식 취임 즉시 박
정희 대통령은 대외개방형 경제발전 전략의 엔진을 점화하게
된다. 취임 후 불과 5개월 만인 1964년 5월 단행된 환율개혁
은 새 경제전략의 신호탄이었는데, 수출 촉진을 위해 당시 1달
러 대 130원 하던 원화는 250원으로 거의 두 배 가까이 평가
절하됐다. 다음 해인 1965년 3월에는 환율제도 자체도 고정환
율제에서 단일변동환율제로 변하게 되고, 이승만 정부 때와 비
슷하게 한미 간에 경제협력을 위한 연결 고리도 만들어졌다.
미국의 원조전문위원과 한국 측 경제관련 부처의 고위 공무
원으로 구성된 공동수출개발위원회(Joint Export Development

Committee)의 결성이 대표적인데, 수출주도형 정책이 한미 협력에 기초 제도화되기 시작한 사실을 알 수 있다.

이것이 1964년 1억 2천만 달러였던 한국의 수출이 불과 7년 후인 1971년 약 15배 증가한 16억 달러를 기록하게 된 배경이다. 반대로 미국의 원조는 가시적으로 감소하여 1971년에는 500만 달러를 기록, 사실상 종료된다. 미국의 애초 의도가 정확히 맞아떨어진 셈이었는데, 새로운 전략의 특징은 다음을 통해 확인할 수 있다. 앞서 소개한 수입대체산업 정책은 흔히 말하는 자력갱생이 목표였다. 하지만 한국의 예에서 드러나듯 그 정책으로 성공한 국가는 현재까지 존재하지 않는다. 그렇다면 이와는 반대의 입장을 취하고 있는 수출주도 대외지향형 정책은 과연 대외 의존적, 혹은 종속적인 정책일까? 위의 통계는 이런 주장을 정면으로 반박하고 있다. 가장 종속적인 상황은 아마도 원조로 지탱하는 경제일 것이다. 하지만 한국의 경우는 대외개방형 정책이 본격화되면서 원조로부터 탈피, 자본의 확충, 생산과 판매(수출), 그리고 이를 위한 수입의 확대, 국민소득의 증대, 자본의 재투자와 생산의 확대 및 수출증대라는 선순환 구조가 원조를 완전히 몰아낸 사실을 확인시켜 주고 있기 때문이다.

대외개방형 경제정책의 전략적 의미

상호방위조약과 미군의 주둔으로 일단 군사적 균형은 달성됐지만, 이것만으로는 부족하다는 것이 당시 미국의 통찰이었다. 국가가 가난한 경우 자생적 공산주의자들이 고개를 든다는 사실이 우려의 배경이었다. 건국 이래 자유시장 및 대외개방형 경제를 견지하며 당시 최강의 부를 이룩한 미국의 입장에서 시장 중심의 개방형 경제만이 번영을 담보한다는 생각은 당연한 것이었다. 하지만 개방형 경제의 활성화에는 두 가지 조건이 필요했는데, 하나는 자본이 거의 전무한 상태에서 자본을 어떻게 확충할 것인가였고, 나아가 생산된 상품을 해외에 팔 수 있느냐는 것도 난제로 남아 있었다. 이 두 가지 문제를 해결하기 위해 미국이 적극 나선 것이 바로 한국의 경제성장이 전략적으로 기획되었다고 보는 가장 큰 이유이다. 차관의 상당 부분은 미국 혹은 미국의 주선하에 국제기구 등을 통해 이루어졌고, 생산된 상품 또한 방대한 미국의 수입시장에 팔면 일단 문제는 해결될 수 있었다.

다음의 수출 통계는 그런 사실을 잘 보여 주고 있다. 1964년 우리의 총 수출에서 대미 수출이 차지하는 비율은 30%였지만, 비율은 지속적으로 증가하여 1968년 이후에는 무려 50%를 상회하게 된다. 그 후에도 비슷한 비율이 유지된 후 1980년대에도 40% 안팎의 높은 수치가 유지됐다. 비슷한 기간 대일 수출 또한 절대적이어서 연평균 약 25% 정도를 보이고 있다. 결국 한국의 수출주도형 정책은 사실상 미국이 수입시장을 개방한 결과 성공할 수 있었다고 볼 수 있는데, 나아가 박정희 대통령 초기 미국이 한일 국교정상화를 강력히 종용한 이유도 알 수 있는 대목이다. 수입의 경우는 일본이 절대적이었다. 같은 기간 일본제품의 국내 수입시장 점유율은 연평균 약 35%

내외인 반면, 미국의 경우는 약 25%였다. 요컨대 한국경제 성장의 주동력인 대외무역의 70% 정도가 미국과 일본에 의해 주도된 사실을 확인할 수 있다.

외국자본의 경우도 예외일 수는 없었다. 1964년부터 1971년까지 한국에 들어온 공공차관의 62%, 상업차관의 34%, 그리고 외국인 직접투자의 65%가 미국계였다. 같은 기준으로 일본계는 각각 22%, 25%, 그리고 22%를 기록하고 있다. 무역에서와 비슷하게 외국자본의 거의 70%를 미국과 일본에 의존한 사실을 알 수 있는 대목이다. 기술도입에서도 상황은 흡사하여 1962년부터 1976년까지 도입 건수 기준으로는 양국에 대한 의존도가 무려 88%였고, 기술도입의 대가인 기술료 지급 액수 역시 82%라는 높은 수치를 기록하고 있다. 한국전쟁 이후의 전략균형 구도를 서울-워싱턴-도쿄 대 평양-모스크바-베이징으로 묘사하는 경우가 있는데, 위의 분석은 서울-워싱턴-동경 구도라는 것이 무엇을 의미하는지를 분명히 보여 주고 있다.

아무튼 자본주의 최강국들인 미국과 일본이 한국의 경제발전에 연계되면서 경제적 번영은 물론, 한국의 안보구도 역시 일본이라는 변수와 엮이면서 미국의 세계전략에 기초 다시 한 번 강화됐음을 알 수 있다. 한국의 경제발전정책에 전략적 의미가 깊게 드리워져 있다고 간주하는 이유 역시 확연해지는데, 역사적으로 그토록 짧은 기간에 자본주의 초강국들과 깊은 인연을 맺은 개발도상국은 사실상 존재하지 않기 때문이다. 다른 국가의 경우는 한국과는 달리 지정학적으로 중요한 전략적 가치를 지니고 있지 않았다는 점이 이유일 것이다.

국제 체제의 변화와 한반도

재현된 힘의 공백[4]

앞서 "냉전 기간 동안 한반도를 가로지르는 155마일의 휴전선은 동시에 미국과 소련 사이에 그어진 전 세계적 차원의 전략 균형선"이라는 분석을 소개한 적이 있다. 여기서 소련이 약화되면 어떤 일이 발생할까? 전략 균형의 두 축 가운데 한쪽이 약해지거나 사라지게 될 것이다. 당연히 소련이라는 막강한 실체가 메우고 있던 힘에 공백이 생기는데, 그렇다면 쟁점은 당연히 이 공백을 어떻게 처리하느냐에 모아질 수밖에 없다. 분단 직후 미군이 한반도의 남쪽 지역을 떠나며 남긴 공백은 소련과 중국을 업은 북한의 김일성이 메우려 했다. 같은 이치로 이번에는 북쪽 진영에 공백이 생겼으므로 한국이 그것을 노리지 않겠느냐는 질문이 이어지는 것은 이상한 일이 아닐 것이다.

원리상으로는 대단히 옳은 질문이지만, 한국은 건전한 국제 사회의 일원으로서 우리의 국경을 넘어 남을 침공한다는 것은 상상할 수도 없는 선량한 국가가 된 지 오래다. 한국이 북한을 넘보지 않으면 공백은 결국 다른 국가가 메우든가 아니면 오랜 시간이 흐르면서 스스로 소멸될 수밖에 없는데, 불행히도 이를 메우는 것이 외형적으로 비쳐지는 것보다는 어렵다는 것이 한 반도가 안고 있는 딜레마이다. 아무튼 북쪽 진영에 공백이 생성된 것이므로 과제를 떠안은 제일 당사자는 북한일 수밖에 없다. 하지만 아래의 설명은 힘의 공백이 북한에게는 대단히 가혹한 조건을 제시하고 있다는 사실을 보여 주고 있다.

1990년대 초 소련이 사라지기 전 북한은 군사적으로는 물론 경제적으로도 소련에 상당히 의존하고 있었다. 특히 북한이 필요한 원유와 고급 군사장비 등이 그랬다. 소련의 붕괴 직전인 1990년 북한과 소련의 총 무역액은 25억 6,300만 달러였다. 북한 전체 대외무역의 56%에 해당하는 절대적인 규모였는데, 반면 같은 해 중국과의 교역액은 4억 8,000만 달러에 불과했다. 그러나 소련이 와해되기 시작한 1991년에는 상기의 금액이 3억 4,700만 달러로 급감했으므로 충격이 대단했음을 알 수 있다. 양국 간의 경제관계가 사실상 단절된 셈이었는바, 소련의 붕괴로 북한 대외경제관계의 60% 정도가 하루아침에 연기처럼 사라졌다고 보면 될 것이다. 아무튼 가시적인 힘의 공백이 북쪽에 왜 생성됐는지는 이로써 분명해진다.

소련의 원조에 의존하여 살아가던 북한에게 공백을 메우는 자신만의 경제적 방법은 현실적으로 존재하지 않았다. 북한을 중국식으로 개혁개방하면 출구가 열리겠지만, 개혁개방의 경우 북한 대외경제관계의 명줄을 사실상 자본주의 강국인 한국, 미국 그리고 일본이 쥘 가능성이 높다는 딜레마가 있고, 북한의 수령 유일 독재 체제가 유지될 수 있느냐도 문제점으로 남게 된다. 물론 소련이 남긴 큰 공백을 북한의 맹방인 중국이 메워주면 문제는 어느 정도 해결될 수 있다. 요컨대 1990년대 초는 시기적으로 현재까지 지속되고 있는 초고속 성장의 출발점이었으므로 욱일승천하는 경제력에 비추어, 중국이 마음만 먹으면 북한과 같이 낙후되고 작은 규모의 경제를 어느 정도 부추기는 데는 별 어려움이 없는 상황이었다. 그러나 중국은 그럴 의사가 전혀 없었다. 당시 모든 무역거래에 대해 경화(hard currency) 결제를 요구하며 자본주의 식의 정상적인 거래를 중국이 강요한 것을 보면 중국의 태도는 분명해진다.

북한경제의 명줄인 원유와 식량에 대해서 원조 형식의 일방적인 공여가 중국으로부터 이루어지고 있는 것이 사실상 전부인데, 현재 북한이 필요한 원유의 3분의 2 그리고 식량의 3분의 1이 지원되고 있는 것으로 알려지고 있다. 북한이 숨만 간신히 쉬는 수준을 유지한 채 북한의 명줄을 중국이 강하게 쥐고 있다고 보면 무방할 것이다. 나아가 1992년 중국은 북한의 의사를 무시하고 한국과 국교를 정상화했다. 한국으로부터는 경제적 실리를, 북한으로부터는 전략적 이득을 취하겠다는 중국의 이중적 태도가 분명해지는 순간이다. 한마디로 양다리를 걸치되 그 분야와 차원은 달리하겠다는 것이 중국의 속내임을 알 수 있다.

공백 메우기 경쟁

힘의 공백이 있는 경우 공백을 메우려는 경쟁이 일어나는 것은 국제정치의 원리상 당연한 일이다. 공백은 결국 북한 주변에서 발생한 셈이므로 북한이 가장 급할 수밖에 없었다. 여기서 북한이 생각해 낸 묘수가 바로 핵무기의 개발이었는데, 북한의 핵개발 역사는 1950년대까지 거슬러 올라간다. 하지만 미국의 경우 1975년 한국을 핵확산금지조약(NPT, Nuclear Nonproliferation Treaty)에 가입시킴으로써 한국의 핵개발을 억제시켰고, 1985년에는 소련의 압력에 의해 북한도 같은 조약에 가입한 적이 있다. 여기서 소련의 붕괴는 북한의 핵무기 개발을 통제했던 외부 변수가 사라졌다는 의미이므로, 소련 소멸 직후인 1994년 북한이 핵확산금지조약을 탈퇴한 국제적 배경은 분명 있었음을 알 수 있다. 핵무기는 돈이 많이 드는 재래식 무기와는 비교할 수 없는 저렴한 가격에 개발할 수 있고, 그 파괴력 또한 재래식 무기와는 아예 차원이 다르다는 것이 북한의 노림수였다. 지금의 핵무기와 비교해 보면 위력이 약했던 미국의 초기 핵폭탄 단 두 방을 얻어맞고 무시무시한 일본 제국이 무릎을 꿇은 것을 보면 핵무기의 위력은 충분히 짐작이 간다.

북한이 핵보유국이 되면 일단 자신의 방어에는 큰 문제가 없어진다. 어느 국가도 핵 보복을 감수하며 북한을 침공할 가능성은 낮다는 현실이 그렇게 되는 이유이다. 뒤집어 보면 핵무기를 통해 북쪽 지역에 존재하는 힘의 공백이 어느 정도는 메워진다는 사실도 확인할 수 있다. 문제는 한국은 물론 일본까지도 북한의 핵무기로부터 압박을 받는다는 사실이다. 한 방이면 서울과 동경이 언제고 불바다가 될 수 있기에 그럴 수밖에 없다. 이 두 국가와 동맹관계에 있는 미국이 나설 수밖에 없는 환경이 조성된 사실을 알 수 있는데, 미국이 관연하지 않는 경우 한국과 일본이 핵무장을 하지 말라는 법은 어디에도 없기 때문이다. 애초 공백의 원리에 대한 설명에서 드러난 바와 같이, 북한이 힘의 공백을 메우는 과정 자체가 엄청난 투쟁적 요소를 내포하고 있다는 점은 이로써 분명해진다. 아무튼 위의 설명을 통해 북한이 핵을 포기하는 것은 불가능하다는 현실을 알 수 있다. 다시 말해 북한의 생존을 위해 필수적인 공백 메우기를 핵무기를 통해 일부 완수했으므로 핵무기는 곧 북한의 생존이라는 등식이 성립된다는 뜻이다.

하지만 강력한 주변국들의 이해를 건드린 북한이므로 그에 상응하는 대가를 치르는 것은 이상한 일이 아닐 것이다. 세계 최강국인 미국, 그리고 아시아의 경제강국 한국과 일본의 이해를 침해한 결과, 북한은 서방의 강력한 경제제재를 감수해야만 했다. 여기에 북한을 경제적으로 살릴 의도가 없는 중국의 이해가 합쳐지면서 북한은 경제적으로 빈사 상태에 빠질 수밖에 없었다. 따라서 북쪽 지역의 공백을 북한은 핵무기를 통해 군사적으로는 어느 정도 메우고 있지만, 경제적으로는 그와 반비례하며 일정 부분 공백을 확대시키는 가운데 고통을 받고 있음을 알 수 있다. 다시 말해 공백의 상당 부분은 아직 남아 있고, 현재까지는 어느 누구도 공백을 완전히 메우지 못하고 있다는 뜻이다.

그러므로 공백이 메워지지 않으면 정세가 불안정해진다는 공백의 원리가 가르쳐 준 대로 한반도 정세는 계속 안정을 찾지 못하고 있다. 당연한 결과로 공백을 메우는 과정에서 생성되는 파열음 또한 피할 수 없는데, 천안함 폭침과 연평도 포격도 같은 맥락에서 발생했다고 보면 큰 무리는 없을 것이다. 북한의 경제력에 비추어 남은 공백을 북한이 메울 가능성은 거의 없으므로 다음의 설명이 보여 주듯, 균형은 북한의 붕괴 혹은 체제 전환에 의하지 않고는 회복될 수 없다는 사실을 알 수 있다. 이 경우가 통일 혹은 같은 체제 간의 진정한 의미의 교류를 뜻한다면 공백은 주로 한국과 미국이 메우는 셈이 된다. 중국을 통해 문제를 해결할 수 있지 않느냐는 주장이 가능하나, 북한의 개혁을 위해 중국이 북한의 전략물자를 가시적으로 줄이거나 끊는다는 것은 곧 북한의 명줄을 눌러 북한이 붕괴하거나 가시적으로 변하는 것을 의미하므로 결과는 매한가지이다. 중국이 바로 그러한 행동을 기피하기에 국제사회의 비난을 받는 것이다.

북한의 변화가 어려운 이유

소련이 소멸하면서 세계는 사실상 자본주의체제로 통일됐다. 그렇다면 자본주의는 어떤 특성을 지니고 있을까? 자본주의와 민주주의의 상징인 영국의 역사를 살펴보면 도움을 얻을 수 있을 것이다. 1215년 대헌장, 즉 마그나 카르타(Magna Carta)는 의회민주주의와 자본주의의 시작이었다. 그 후 1628년 권리청원과 1689년의 권리장전은 제도적인 토대가 되었는데, 한마디로 절대군주인 왕의 권력이 일반 시민들에게 서서히 전이됐다는 사실이 당시 영국의 정치경제 발전이었다. 여기서 중요한 것은 권력의 전이 과정이 자본주의의 핵심 요소인 소유권의 보장과 시장의 활성화라는 경제적 자유화와 밀접하게 연계되어 있다는 사실이다. 그렇다면 같은 원리를 북한에 대입해 보면 어떤 그림이 가능해질까?

일단 북한은 공산주의 특유의 비효율성 때문에 경제적 침체를 벗어나지 못하고 있으므로 경제적인 회복을 위해서는 반대 길을 갈 수밖에 없다. 즉 효율성의 챔피언인 자본주의의 요소가 도입되어야 하고, 자본주의의 핵심 기제가 작동되도록 실질적이며 제도적인 보장이 있어야 한다는 말이다. 재산권과 자유시장이 자본주의의 핵심 내용이므로 정도의 차이는 있지만 아무튼 이 두 가지가 보장되어야 하는데, 특히 시장은 국내는 물론 대외관계도 포함하는 넓은 의미를 가지고 있다. 상황이 그렇게 되면, 당연히 국민의 재산이 인정되지 않았던 과거의 제도가 바뀌어야 하고, 시장의 작동을 위해서는 국민의 자유로운 사고와 활동 또한 보장돼야만 한다. 여기서 두 요소에 대한 통제권은 현재 김정은과 기득권층이 가지고 있으므로 이들의 권력이 어느 정도는 이전되어야만 경제적 번영이 가능하다는 사실을 알 수 있다. 다시 말해 집권층이 기존의 권력을 양보할 의사가 없는 한 북한의 경제개혁은 불가능하다는 의미이다.

따라서 북한이 경제개혁을 거부하고 있다는 것은 정치적으로 얼마 전에 죽은 김정일을 비롯한 기득권층이 권력의 일정 부분을 이양할 의사가 없다는 것을 뜻하는데, 이는 북한의 경제위기에 발맞춰 주민사상에 대한 통제를 강화했다든가, 역사상 초유의 공산주의 3대 세습이 단행된 사실을 통해 증명되고 있다. 하기야 겁을 먹을 만도 한 것이, 일단 개혁, 즉 자유화의 물꼬가 터지는 경우 그것의 파급효과는 가늠이 안 될 정도로 크고, 그 결과 집권층이 모두 쫓겨나지 말라는 법은 어디에도 없기 때문이다. 이렇게 보면 북한의 상황이 1980년 전후 개혁개방을 과감하게 단행한 중국과 비교해 상당히 다른 것만은 분명해진다.

한반도 역학구도의 재해석[5]

이상의 논의를 바탕으로 한반도 주변 정세, 조금 더 구체적으로는 역학구도를 살펴보면 과거와는 사뭇 다른 모습을 발견할 수 있다. 우선 북한이라는 존재가 마치 시한폭탄처럼 안정궤도를 잃은 채 방황하는 모습이 눈에 띈다. 문제는 원리상 한반도 북쪽에 존재하는 힘의 공백을 특정 국가가 완전히 메우기 전에는 그런 상황은 지속될 가능성이 높다는 사실이다. 북한이 경제개혁에 성공하여 이를 메울 가능성은 희박하다. 중국이 이를 메울 능력이 있다는 것은 앞서 살펴본 바와 같지만 현재까지 중국이 그런 행동을 보인 적은 없었다. 따라서 능력이 있음에도 이를 행사하지 않는 중국의 이해를 자세히 살펴볼 필요가 있는데, 현재 중국이 보유하고 있는 힘과 능력에 비추어 중국의 행동 여하에 따라서 한반도 북쪽 지역에 형성된 힘의 공백이 어떤 방식으로든 정리될 가능성은 여전히 있기 때문이다.

중국의 한반도 전략은 순망치한(脣亡齒寒)이라는 용어로 중국 스스로가 이미 밝힌 적이 있다. 입술이 없으면 이가 시리다는 의미이므로 북한이 없으면 중국이 죽을 정도는 아니지만 이가 시린 정도의 고통은 있다는 의미이다. 그렇다면 왜 그런 현상이 발생할까? 국제정치에는 완충지대론(buffer zone)이라는 것이 있다. 여기서 완충지대는 국경과 인접한 곳에 존재하는 잠재 적국의 세력 침투를 중화시킬 수 있는 지역을 뜻한다. 따라서 잠재 적국이 자신을 침입하려면 우선 완충지대를 통과해야만 함은 물론이다. 북한이 중국의 완충지대라면, 동유럽은 구소련의 완충지대이고, 한국은 일본의 완충지대가 된다. 상황이 이런 경우 완충지대를 지니고 있는 국가는 다음과 같은 이점을 누릴 수 있다. 일단 완충지대가 있으면 국경의 방위에 많은 군대가 필요 없다. 국경을 맞대고 있는 완충지대 국가는 자신에게 우호적이거나 최소한 중립적이므로 자신을 침입할 가능성이 없기 때문이다. 다음으로 적이 침입하면 일단 완충지대를 거쳐야 하므로 그만큼 시간을 벌 수 있고, 완충지대에 군대를 파견하여 자국의 영토 밖에서 전쟁을 수행할 수도 있으며, 잘만하면 그곳에서 전쟁을 끝낼 수도 있다. 한국전쟁은 대표적인 예인데, 중요한 것은 위기 시 완충지대 국가만 골탕을 먹는다는 사실이다. 임진왜란 이후 수차례의 전쟁에서 중국과 일본은 제외된 채 한반도만 초토화된 사실은 이를 상징하고 있다.

여기서 순망치한의 원리와 중국이 북쪽에 존재하는 힘의 공백을 의도적으로 완전히 메우지 않는 현실을 접목시키면 전략 구도의 또 다른 측면을 엿볼 수 있다. 중국의 입장에서 북한이라는 완충지대는 필요하지만 북한의 강성함 역시 견제해야 하기 때문에 북한의 부흥을 억제시키는 가운데, 겨우 생존할 정도의 지원만 제공함으로써 북한을 중국에 종속시키면, 한국과 미국에 의한 통일은 막을 수 있다는 계산이 가능해진다. 중국이 힘의 공백을 메울 정도로 북한을 전폭적으로 지원하지 않는 이유는 지원의 결과 북한이 강성해지는 경우 지금처럼 중국에 의존하는 관계가 청산될 수도 있기 때문이다. 이 말은 뒤집어 행동의 자유를 얻은 북한이 중국의 말만을 따른다는 보장은 어디에도 없다는 뜻이다. 과거 1960년대 이후 중국과 소련이 적대관계에 있던 시절 북한이 철저히 양다리 외교를 전개한 사실은 그럴 가능성을 반증하고 있다. 따라서 북한이 겨우 생존할 정도의 지원만으로도 완충지대의 보존에는 큰 문제가 없는 셈이므로 중국의 북한에 대한 이해가 그 정도 수준에 머무르고 있는 것은 이상한 일이 아닐 것이다.

북한에 대한 이러한 중국의 속셈은 한국과는 경제적 실리를 추구한다는 또 다른 차원의 이해와 합해지면서 한반도의 역학구도를 복잡하게 만들고 있다. 즉 북한에 대한 이해 및 그것의 전략적 표출인 순망치한과 한국으로부터 얻고 있는 경제적 실리가 서로 다른 차원에 존재하므로 양립이 가능하다는 것이 중국의 계산인 셈이다. 순망치한의 원칙에 입각 북한을 감싸더라도 한국으로서는 이를 억제시킬 뚜렷한 대안이 없고, 반대로 한국과의 깊은 경제교류를 통해 막대한 이득을 취하더라도 북한 역시 그것을 억제할 방안이 없다는 의미이다. 요컨대 중국은 좋게 말하면 투 트랙(two track) 전법, 적나라하게 말하면 순망치한에 기초한 양다리 전법을 구사하고 있는 셈인데, 바로 그런 이중 전략 때문에 한국 국민들이 중국을 판단하는 데 혼돈이 발생한다고 보면 큰 무리는 없다. 아무튼 현상유지(status quo) 정책을 중국이 선호하는 이유는 이로써 분명해진다.

반면 한반도 남쪽에는 힘의 공백이 존재하지 않는다. 비록 초기에 비해서는 주한 미군의 규모가 작아졌지만, 아직도 2만 8천 명이라는 미군이 전쟁 억제를 위한 상징적인 역할은 물론, 미국과 이 지역 방위의 연계구도를 보장하는 실제적인 역할을 하고 있기 때문이다. 일본에도 3만 5천 명 정도의 미군이 주둔함으로써 앞서 설명한 바 있는 일본의 방위 업무를 과거와 같이 수행하는 데는 별문제가 없다. 나아가 미국, 일본 그리고 한국 모두는 세계경제의 최상위권을 점하고 있는 자본주의 강대국들이다. 한국전 이후 현재까지 적어도 힘의 분포에 관한 한 남쪽 지역에 가시적인 힘의 공백이 없었다는 사실은 이로써 분명해진다. 이 말은 뒤집어 역학구도상 한국은 북한에 비해 월등히 유리한 전략적 우위를 점하고 있다는 의미이다.

위에서는 주로 중국이 지니고 있는 한반도에 대한 이해를 짚어봤는데, 그렇다면 미국의 대한반도 이해에는 어떤 변화가 있을까? 한국전쟁 후 냉전 시절 미국의 이 지역에 대한 최대의 이해는 역시 일본이었다. 즉 일본의 방위와 일본에 대한 미국의 영향력 보존이 최우선 과제였다는 말이다. 따라서 1970년대 닉슨 대통령 시절 동서 간의 긴장완화(détente)가 진행될 무렵, 한국이 지닌 전략적 가치에 대해서는 일본을 중심으로 파생적 이해(derived interest)라는 정의가 내려진 적이 있다. 하지만 소련이 소멸함으로써 한국에 주둔 중인 미국에 가해지는 체제상의 압박은 현저히 줄어들 수밖에 없었다. 이 말은 뒤집어 '155마일의 휴전선은 동시에 미국과 소련 사이에 그어진 전 세계적 차원의 전략 균형선'이라는 가정에 변화가 생겼다는 의미를 담고 있다. 새로운 개념이 필요했는데, 이것이 안정자(stabilizer)라는 과거에는 없던 개념이 등장한 배경이다. 용어가 보여 주듯 다소는 추상적인 면이 있지만, 북쪽 지역으로부터 가해지는 압박에 대한 대응 수단을 넘어 일본의 재무장 방지, 나아가 중국으로부터의 압박을 중화시키는 역할을 수행함으로써 동북아 전체의 불안을 억제한다는 보다 큰 의미를 담고 있다.

하지만 중국이 급성장하고, 특히 2000년대 들어오면서 군사적 팽창이 가시화되자 한국의 전략적 가치는 다시 한 번 재평가될 수밖에 없었다. 미국의 입장에서 중국을 어떻게 다룰 것인가는 초미의 관심 사항이 됐는데, 그런 관점에서 보면 한국은 중국 정치경제의 핵심 권역인 북경 앞쪽에 존재하는 유일한 지역임을 알 수 있다. 여기에 주한 미군이 주둔해 있는 것이므로 중국에 압박이 전해지는 것은 당연한 일이 된다. 아무튼 다음의 사례를 통해 그런 역학구도의 실체를 엿보는 데는 별문제가 없다. 중국은 우선 주한 미군을 냉전의 산물로 인식, 탈냉전 시기인 현재에는 필요가 없으므로 철수해야 한다는 논리와 주장을 암암리에 전개하고 있다. 즉 압박을 안 받는다면 그런 주장을 할 필요가 없기 때문에 위의 해석이 가능하다는 뜻이다. 연평도 포격 직후 미국의 제7 함대 본대가 처음으로 서해에 깊숙이 진출, 한국 해군과 실시한 전후 최대 규모의 연합훈련에 대해 중국은 비난 성명을 남발했음에도 불구하고 아무런 대응 조치를 취할 수 없었다. 여기서 비난 혹은 반대 성명이 중국 측이 압박을 받는다는 의미임은 자세한 설명이 필요치 않을 것이다.

이상이 한국의 전략적 가치가 재평가될 수밖에 없는 근거인데, 한마디로 중국을 견제하기 위한 최적의 지정학적 장소에 한국이 위치하고 있다는 사실이 그렇게 되는 이유임을 알 수 있다. 여기에 일본을 대입하는 경우 한반도의 가치는 다시 한 번 재평가의 길을 걷게 된다. 센카쿠 열도 사건과 곧이어 벌어진 전후 최대 규모의 미일 합동훈련은 중국의 압박에 대해 일본이 이를 수용할 의사가 전혀 없다는 사실을 보여 주는 증거였다. 따라서 일본과 중국이 군사적으로 대립하는 구도에서 한국의 가치는 영일동맹 체결 시 일본이 확인한 한반도의 가치와 정확히 일치하게 되는데, 바로 이 점이 과거에 비해서는 일본이 한국에 대해 접근을 강화하는 이유이고, 한국이 한눈을 파는 경우 일본이 심리적으로 압박을 받는 까닭이다.

결론적으로 남쪽과 북쪽의 세력구도에서 균형은 이미 한국 쪽으로 대단히 유리하게 기울어져 있다는 사실을 알 수 있고, 또한 중국을 포함한 동아시아 전체 구도에 비추어 보더라도 한국의 지정학적 가치가 재평가되는 가운데 한국의 위상이 자신의 능력에 의해서는 물론, 지정학적인 가치 때문에 높아지고 있다는 점을 확인할 수 있다. 이렇게 보면 현시점에서 한국이 지니게 되는 외교력은 결국 우리의 국력과 한국의 지정학적 이점에 기초하고 있다는 사실이 분명해지는데, 한국이 어떤 전략을 택하느냐에 따라서 외교력의 강도가 변하게 되는 것은 물론이다. 요컨대 이러한 한국의 모든 외교자원을 어떤 목적으로 어떻게 활용하느냐의 문제가 남아 있다는 말이다.

한국 대외전략의 지향점

서로 다른 가치의 교환 불가 원칙: 안보 우위의 가설[6]

앞의 설명은 결국 외교는 힘의 분포에 기초하고 있다는 사실을 보여 주고 있다. 구체적으로 영일동맹, 일본의 한반도 강점, 한반도의 분단, 한국전쟁, 북한의 핵개발, 연평도 포격과 천안함 피격 등 거의 모든 주요 사안은 한반도에 분포되어 있는 힘의 구도와 그것이 특정 시점에서 작동하는 원리를 사실상 모두 함축하고 있다. 바로 이런 이유로 서두에 한반도가 지니고 있는 가혹한 지정학적 배경을 살펴본 것인데, 같은 맥락에서 한국의 존속과 발전을 위해 유약한 생각은 설 장소가 없다는 사실 역시 간접적으로 확인된다. 기억이 아스라한 과거의 사례보다는 지금 현재 우리가 겪고 있는 예를 논리적으로 분석해 보면 국제정치의 냉혹한 원리에 대한 이해는 조금 더 깊어질 수 있을 것이다.

국제관계학에는 대단히 유명한 가설이 하나 있다. 군사관계에 기초한 안보와 경제관계에 뿌리를 두고 있는 경제적 협력 사이에는 어떤 관계가 있느냐는 것이다. 과거 거의 100년에 가까운 연구 결과는 대단히 간단한데, 두 변수는 서로 다른 차원(dimension)에 존재하므로 가중치가 다르고 성격 역시 상이한 결과, 양자 간의 가치가 쉽게 교환될 수는 없다는 결론이 내려진 바 있다. 바꿔 말해 그런 논리를 뒤집는 확실한 증거가 현재까지는 발견되지 않았다는 것을 의미한다. 위의 논제에 대해 가장 확실한 입장을 밝힌 전문가는 국제정치가 냉혹한 현실에 기초하고 있다는 사실을 강조한 영국의 유명한 국제정치학자인 카(E. H. Carr)였다.

그의 다음과 같은 단정적이고 명료한 분석을 통해 논리의 핵심을 짚어볼 수 있다: "경제학(경제현상)이란 하나의 주어진 정치질서를 전제로 한다. 따라서 정치(현상)와 분리해서는 제대로 탐구될 수 없다." 같은 맥락에서 "정치와 분리된 경제원칙을 적용해 국제문제를 풀겠다는 것은 애초부터 헛된 짓일 뿐이다." 여기서 논리를 조금 더 확장하면 "경제는 정치의 한 측면으로 간주돼야만 한다."는 결론이 가능해진다.[7] 말을 뒤집어 보면 국제정치와 경제를 놓고 볼 때 상위의 개념은 당연히 국제정치이고, 국제정치의 핵심 내용이 안보이므로 이를 염두에 두지 않은 국제경제관계가 성공하기는 힘들다는 의미를 발견할 수 있다. 따라서 안보와 경제를 등가로 교환하는 것은 불가능하고 성격상 안보가 경제보다는 우위에 있다는 점이 분명하다는 분석이다.

위의 설명을 최근 많은 관심을 끌고 있는 러시아 생산 천연가스를 북한을 통해 한국으로 수출하는 문제에 대입하면 어떤 결론이 가능할까? 우선 이 프로젝트에 러시아가 가장 적극적이라는 점은 모두가 아는 바다. 러시아의 경우 산업의 부진으로 에너지와 같은 천연자원의 수출에 경제발전의 목을 맬 수밖에 없는 처지에 놓여 있다. 지금까지는 서시베리아의 가스가 우크라이나를 통해 서유럽에 공급되고 있는 것이 최대 프로젝트였는데, 문제는 러시아가 이 중요 공급로에 대해 장난을 친 적이 있다는 사실이다. 2006년과 2009년 가스관 통과료와 가스 도용(盜用)을 둘러싸고 러시아와 우크라이나 사이에 실랑이가 일자 러시아가 가스공급을 일방적으로 중단한 것은 대표적인 사례로 기억되고 있다. 피해가 유럽에 전해지는 것은 당연한 일이었다. 즉 단순한 경제 사안이 에너지 안보문제로 비화됐던 것이다.

서유럽 역시 에너지는 곧 안보라는 인식하에 대응에 나서 가스매장량에 있어 둘째가라면 서러운 투르크메니스탄 등 중앙아시아의 천연가스를 러시아의 영향권에서 벗어나 있는 아르메니아, 아제르바이잔, 그리고 터키를 통해 끌어오는 계획을 추진하게 된다. 당연한 결과로 러시아 또한 다른 수요처가 필요했는데, 이때 대안으로 떠오른 국가가 바로 중국이었다. 2008년 중국이 러시아산 가스를 수입한다는 데 합의가 이루어진 적이 있지만, 마지막 남은 가격담판에서 중국이 배짱을 부리고 있는 가운데, 진전을 이루지 못하고 협상은 현재까지는 답보 상태에

머물러 있다. 양국 간 천연가스 거래는 이루어지지 않고 있는 2011년 현재 원유의 경우 중국의 러시아에 대한 의존도는 전체 수입규모 중 단지 5%에 불과한 사실이 중국이 거만한 태도를 보일 수 있는 배경이다.

상황이 그렇다면 또 다른 주요 수요처가 될 수 있는 한국에 러시아의 눈길이 미치는 것은 이상한 일이 아닐 것이다. 바로 이 점이 북한의 지도자를 러시아에 초청, 외교적인 단판을 벌인 러시아의 사정이었다. 에너지의 대부분을 수입하고 있는 한국의 입장에서 안정적이고 저렴한 에너지 수입원의 확보는 경제발전을 위한 필수 조건이다. 거리가 멀지 않은 동시베리아와 사할린 가스를 육로를 통해 저렴한 가격으로 가져올 수 있다면 적어도 경제적인 관점에서 이를 마다할 명분은 사실상 존재하지 않는다. 그러나 북한이라는 특수한 정치체제가 우리의 안보와 직결되어 있기에 계산은 간단할 수가 없다. 우선 한국의 입장에서는 러시아와 북한의 투자액이 많을수록 양국이 가스파이프에 대해 경제적 이해를 넘는 전략적 수준의 장난을 치기는 힘들어진다. 그렇다면 적정 수준을 정확히 계산하여 실천에 옮길 수 있을까? 쉽지 않을 것이다.

또한 사안이 원만히 해결되어 가스 운송이 실현되는 경우에도 다음의 문제는 풀어야 할 숙제가 된다. 만약 북한이 가스관을 일방적으로 폐쇄시키는 경우에는 어떠한 대응이 가능할까? 그럴 일이 없을 것이라고 예상하는 경우가 있겠지만 불행히도 그것은 현실이 아니다. 그동안 경협차원에서 어느 정도의 진전을 이룬 금강산 관광과 개성공단을 둘러싼 파행과 실랑이는 그럴 가능성을 늘 열어 놓고 있기 때문이다. 한마디로 북한 핵문제, 천안함 폭침, 그리고 연평도 포격 등이 보여 주듯 안보문제가 꼬이자 국제관계의 구조상 경협은 당연히 뒷전으로 밀릴 수밖에 없었다. 나아가 북한이 자국을 지나는 파이프라인으로부터 가스를 도용하는 경우는 어떻게 감시를 할 것이며, 어떤 제재가 가능할까? 과거 우크라이나에 실제로 있었던 일이기에 이 또한 그냥 지나칠 수만은 없는 일이다.

지난날의 국제관계사가 보여 주듯 순진한 생각은 늘 있어 왔다. 러시아의 이해가 걸려 있기 때문에 북한이 그런 행동을 할 수 없을 것이라는 예단이라든가, 사태가 발생하는 경우 러시아에게 책임을 묻겠다는 식의 사고는 대표적이다. 한마디로 러시아의 힘을 이용해 북한을 견제할 수 있다는 생각인데, 과연 러시아는 그런 힘을 발휘할 수 있을까? 아무튼 이 문제에 대한 반면교사가 있는 것은 분명하다. 중국은 북한에 대해 가장 강력한 영향력을 발휘할 수 있는 국가로 자타가 공인하고 있다. 하지만 중국이 북한을 만족할 만한 수준에서 제어했다는 증거는 현재까지 어디에도 없다. 지정학적인 이해 때문에 그랬는지, 아니면 실제의 영향력이 그 정도 수준밖에 안됐는지는 따질 이유가 없다. 한국에게 중요한 것은 이것이 현실이라는 사실이다. 만약 중국의 영향력이 실재한다면 북한의 핵을 막지 못했을까라는 질문에 대해 자신 있는 대답이 없는 것도 상황을 설명해주고 있다. 따라서 중국의 수준이 그 정도라면 러시아의 대북한 영향력을 믿고 전략구상을 한다는 것은 애초부터 무리일 수밖에 없다.

오래전인 제2차 세계대전 직전 카의 분석을 지금 이 자리에서 되새기는 이유는 이로써 분명해진다. 안보문제가 해결되지 않는 경우 경제협력에는 한계가 있다는 그의 통찰이 한반도 문제에서는 특히 빛을 발하고 있는 것이 현실이다. 경협을 통해 안보문제를 해결할 수 있다고 주장하는 경우도 물론 없는 것은 아니다. 그러나 이는 바로 비슷한 가정을 세워 엄청난 업적을 내면서 한동안 국제정치학을 석권했던 미국의 저명한 국제정치학자 하스(Ernst Haas)가 이미 오래전에 스스로 폐기시킨 가설이다. 만약 일본에 많은 가스가 있어 이를 해저 파이프라인을 통해 한국이 수입한다면 위와 같은 복잡한 문제가 발생할까? 나아가 중국을 가정하더라도 그곳에서 직접 파이프를 묻어 가스를 가져온다면 문제가 될까? 아마 별문제는 없을 것이다. 양국 모두 안보문제로 한국과 직접 첨예한 대립을 하고 있지는 않기 때문이다.

남북한 관계의 기본 구도

이상의 분석은 남북한 관계의 실체, 중국이 북한을 감싸는 이유, 미국이 북한의 핵문제에 대해 그토록 민감한 까닭 등 한반도를 둘러싼 다양하고 복잡한 문제에 대한 기본적인 통찰력을 제공해 준다. 경제야 어떻게 되든 생존을 위해서는 경제보다 상위에 있는 안보문제를 해결해야 하고, 같은 연장선에서 북한이 핵무기를 생존의 수단으로 선택한 사실은 앞서 살펴본 바와 같은데, 여기서도 안보우위의 가설은 분명히 드러난다. 한국과 경제 및 문화적으로는 그토록 밀접하고 친밀함에도 중국의 경우 한국이 그토록 바라는 북한의 변화를 유도하는 영향력 행사를 마다한 채 북한의 위험한 군사적 도발조차 감싸는 태도를 보이는 이유도 이 가설은 비교적 잘 설명하고 있다. 북한과는 아무런 경제적 이해를 가지고 있지 않고, 북한 정도의 국가와는 상대할 필요도 없는 미국조차 북한의 핵이 지역 안보 구도 자체를 흔들 수 있다는 사실 때문에 신경을 곤두세우고 있는 현실 또한 위의 가설을 통해서 쉽게 이해할 수 있다.

이러한 논리는 필연코 남북한 관계 전체를 관류하게 되는데, 한국인들에게 가장 중요한 것은 북한과 우리가 잘 지낼 수 있고, 또한 통일은 가능한가라는 질문일 것이다. 과거 박정희 대통령 시절부터 남북한 간의 교류는 늘 있어 왔다. 교류가 본격화된 것은 과거 노태우 대통령, 김대중 및 노무현 대통령 시절인데, 특히 경제교류가 본격화된 것은 후자의 두 대통령 때였다. 아무튼 이 두 대통령 시절 집중된 것이기 하지만, 통일부 자료에 따르면 1995-2010년 한국의 대북 경제지원은 약 3조 2,000억 원에 이르고 있다. 그중 햇볕정책이 본 괘도에 오른 2000년부터 노무현 대통령 말기인 2007년까지의 지원액은 2조 6,300억 원이었다. 1995년 이후 총 지원액의 약 83%에 해당하는 큰 금액이다. 그 가운데 정부의 무상원조 금액은 1조 5,000억 정도로 전체의 46%를 점하고 있으며, 민간의 무상원조 또한 8,500억 원으로 전체의 약 27%에 이르고 있다. 무상이 아닌 식량차관 형식을 띠고 있는 지원은 8,700억 원, 즉 전체의 27% 정도였다(통일부 홈페이지, 대북지원현황).

미국의 지원 역시 만만치 않았다. 1995년부터 2010년까지 무상지원 액수는 무려 1조 4,200억 원(약 13억 달러)에 이르고 있다. 이에는 인도적 식량지원이 7억 800만 달러, 6자 회담 합의에 따른 중유 지원 1억 4,600만 달러, 그리고 한반도에너지개발기구(KEDO) 관련 지원 4억 370만 달러 등이 포함되어 있다[미의회조사국(CRS) 자료]. 아무튼 이상의 통계를 통해 다음을 확인할 수 있다. 한국이 제공한 대북지원의 경우 김대중 및 노무현 대통령 시절의 지원액이 전체의 83%를 차지할 정도로 두 정부에 지원이 집중된 점과 미국의 경우에는 북한의 비핵화를 달성하기 위한 원조가 42%를 차지하고 있다는 사실이다. 하지만 이러한 대규모 원조에 대한 북한의 응답은 핵무기의 지속적인 개발이었고, 한국군과 민간에 대한 공격이었다.

그 밖에 남북한 관계 역사상 처음으로 금강산 관광이 이루어졌고, 또한 개성공단이 설립되어 운영되고 있다는 사실을 고려하면 남북한 간의 경제협력이 과거 그 유례를 찾아볼 수 없을 정도로 활발해진 것은 분명하다. 그러나 앞서의 가설이 설명하듯 경제교류가 안보문제에 긍정적으로 영향을 미친 흔적은 찾기 힘든 것이 현실이다. 물론 10년 정도밖에 안 되는 시기에 안보문제의 해결과 같은 과도한 기대를 하는 것 자체가 무리가 아니냐는 주장이 가능하지만, 적어도 한국이 민주사회이고, 따라서 매 5년마다 한 번씩 정권이 교체된다는 사실을 고려하면 10년은 결코 짧은 기간이 아니다. 나아가 여론정치에 기초하고 있는 한국의 정치 특성에 비추어 10년 정도에도 국민들이 피부로 느낄 만한 성과가 나오지 않은 정책을 계속 추진하기는 어려운 것이 현실이다. 경제협력을 중단 수준까지 몰고 간 군사도발이 엄연히 자행된 점 역시 그 어떤 논리로도 합리화되기 힘들다.

요약해 보면 애초 햇볕정책은 원대한 꿈을 담고 있었다. 일차적으로 경제 분야와 같은 비정치 영역의 교류 확대를 통해 상호 간의 이득과 신뢰가 축적되면, 긴장이 완화될 것이고, 이를 바탕으로 군사 분야와 같은 정치적 영역에서도 협력이 가능하다는 가설이었다. 한걸음 나아가 남북한 연방제를 통해 평화통일의 꿈도 이룰 수 있다는 내용을 포함하고 있다. 바로 그런 과정에 삽입되어 있는 것이 이른바 남북 간의 평화협정 체결인데, 지금의 정전협정은 임시적인 것으로서 법률적으로는 전시상태가 유지되는 것이므로 우선 이를 외형상 불식시켜야 한다는 논리가 개진되고 있다. 다시 말해 남북한이 공히 전쟁을 포기한다는 사실을 각서하고, 그것을 관련 국가들이 보증하자는 내용이다.

평화협정의 체결은 곧 남북한 공히 전쟁을 법률적으로 포기한 것을 의미하므로, 그 결과 군대의 필요성이 줄어드는 것은 당연한 일이 된다. 따라서 논리상 양측 간의 군비축소 문제가 뒤를 잇는 것은 이상한 일이 아닐 것이다. 겉으로 봐서는 대단히 그럴듯해 보이는 주장이지만 과연 그럴까? 앞서 국제정치의 냉혹함을 한 장으로 분리해 설명한 가장 큰 이유는 어설픈 논리의 비현실성을 지적하기 위함이었다. 더욱이 아래에서 소개하는 바와 같이 외교사에는 평화협정과 비슷한 사례가 분명 있고, 어설픈 논리의 비참함과 반대로 이를 꿰뚫었을 때의 눈

부신 성과가 확실히 존재하므로 역사적 설명을 통해 문제점을 반추해 보는 일은 가치가 있을 것이다.

낭만적인 대북정책의 위험성: 1925년 로카르노 평화협정

제1차 세계대전에서 독일이 패한 것은 모두 아는 사실이다. 어느 전쟁에서와 같이 특히 큰 전쟁에서 패배한 국가의 운명은 비참 그 자체일 수밖에 없다. 독일도 예외는 아니어서 방대한 산업시설이 파괴되었음은 물론, 전비로 막대한 돈을 쏟아부었기에 국고 또한 거의 모두 탕진된 상태였다. 나아가 프랑스가 주도한 것이긴 하지만 막대한 전쟁 배상금도 지불해야만 했다. 독일이 다시는 전쟁을 일으키지 못하도록 억제하는 것이 프랑스의 외교 목표였음은 물론이다. 그러나 당시 경제적으로 갈 데까지 간 독일의 입장에서는 더 이상 잃을 것이 없었다. 배상금을 지불할 여력도 의사도 없으니 마음대로 하라는 식의 정책이 구사되는데, 외교사에서는 이를 저항정책(policy of resistance)이라 부르고 있다. 즉 독일의 마르크화를 대량 인쇄하여 통화가치를 하락시킴으로써 국부의 가치 자체를 떨어뜨려 독일로부터 재산을 빼 갈래야 갈 수 없도록 하는 극단적인 조치가 취해졌던 것이다. 이것이 인류역사상 기록으로 남아 있는 독일 바이마르 공화국의 초인플레이션(hyperiflation)이 초래된 배경이다.

그러나 전쟁 전만 해도 유럽 최강이었던 독일 경제가 돌지 않자 유럽경제 또한 움직이지 않았다. 바로 그 즈음, 1923년 8월 걸출한 인물인 슈트레제만(Gustav Stresemann)이 바이마르

공화국의 수상 겸 외상으로 등극하는데, 그는 취임하자마자 위의 현실을 간파, 과거의 저항정책을 폐기하고 유명한 이행정책(policy of implementation)을 추진하게 된다. 결과는 대단히 성공적이어서 미국의 민간금융이 독일 문제에 개입하도록 유도했고, 그 결과 1924년 유명한 도스안(Dawes Plan)이 채택됨으로써 과도한 배상금의 조정은 물론 약 2억 달러에 해당하는 차관까지 손에 쥘 수 있었다.

위대한 외교전략 이야기는 여기서부터 시작된다. 우선 억압정책을 통해 독일을 영원히 묶으려는 프랑스의 정책은 실패한 것이 분명했다. 결국 프랑스의 과도한 요구 때문에 저항정책을 실시한 것이므로, 이를 수정하는 경우 독일은 승전국의 합리적인 요구를 이행하겠다는 것이 이행정책의 핵심 내용이었기에 그런 해석이 가능하다는 말이다. 미국과 영국이 독일의 새로운 정책을 지지한 것을 보면, 흥미롭게도 역사적으로 독일이 긴밀한 관계를 맺어 본 적이 별로 없는 앵글로색슨의 두 강대국 미국과 영국에 의해 독일의 숨통이 트였음을 알 수 있다. 하지만 외형적으로는 평범해 보이는 이행정책에 무시무시한 고도의 책략이 숨겨져 있기에 슈트레제만을 외교사에 기록될 수 있는 천재로 간주하는 것이다.

다음의 설명을 통해 알 수 있듯이 프랑스는 초초해질 수밖에 없었다. 슈트레제만은 우선 독일이 지니고 있는 지정학적 장점을 활용했다. 한편으로는 과거 너무 많은 전쟁을 겪었기 때문에, 혹은 나폴레옹의 발흥이 보여 주듯 오랫동안 대단히 강력했던 프랑스에 대한 경계심 때문에, 영국과 프랑스 간의 관계가 전통적으로 취약하다는 사실이 새로운 전략의 출발이었다. 프랑스와 러시아라는 전통 강국의 가운데서 중심축 역할을 하고 있는 독일이 붕괴되는 것을 두려워 한 영국의 이해 또한 슈트레제만이 착안한 지정학적 포인트였다. 여기에 슈트레제만의 궁극적인 목표가 암시적으로 더해지는데, 패전 독일에 족쇄를 채우고 있던 전후 다자간 협정인 베르사유 조약과 특히 그중 사실상 독일을 대상으로 한 집단안보(collective security) 조항의 폐기가 그것이다.

이상이 독일의 전략이었다면, 반대로 프랑스는 어떤 식으로 대응했을까? 제1차 세계대전 이전에는 앞서 소개한 1894년의 프랑스-러시아 동맹조약이 보여 주듯 독일 동쪽의 강력한 러시아를 활용, 독일에 대한 견제가 가능했다. 하지만 공산혁명에 휩싸이면서 제1차 세계대전에 힘 한 번 제대로 써 보지 못한 채 독일에 사실상 항복한(1918년 브레스트-리토부스크 조약) 새로운 공산주의 소련이 과거의 러시아일 수는 없었다. 이것이 프랑스의 고민이었는데, 그 대안으로 선택된 것이 독일의 바로 동쪽에 위치한 폴란드와 1921년에 맺은 방어동맹조약이었다. 슈트레제만의 이행정책이 성공한 것에 다시 한 번 놀란 프랑스는 1924년 체코와도 같은 조약을 맺게 된다.

다음의 분석을 보면 바로 이 점이 프랑스의 패착이었다는 사실을 알 수 있다. 프랑스의 경우 폴란드와 체코의 능력은 고려하지 않은 채 지정학적으로 독일을 압박할 수 있는 위치에 두 국가가 있다는 점만을 취하려 했다(low country policy). 이 말은 곧 두 국가의 힘으로는 독일을 막을 수는 없는 일이고,

따라서 현실적으로는 독일을 억제하는 효과가 없다는 의미였다. 물론 영국과 동맹을 맺으면 문제는 깨끗하게 해결되지만, 영국은 폴란드와 체코 문제로 인해 군사적으로 말려들어 가는 상황을 원치 않고 있었다. 당연한 결과로 프랑스와 포괄적인 동맹을 맺는 데 적극적일 수는 없었다. 대안으로 선택된 것이 1925년 영국 외상 체임벌린(Austen Chamberlain)의 제안인데, 독일과 동유럽을 배제한 영국, 프랑스 그리고 벨기에 간의 조약이 그것이다. 삼국 간에 독일과의 국경을 보장한다는 내용을 담겨 있는바, 독일이 이들 중 누구든 침공하는 경우 세 국가는 공동 대응한다는 의미였다.

슈트레제만의 뛰어난 점은 앞서 소개한 지정학적 포인트를 이용해 위의 움직임을 공격했다는 사실이다. 우선 독일이 포함되지 않은 주변국의 군사조약은 독일에 대한 공격으로 간주하겠다고 협박했다. 즉 영국과 프랑스 간의 미묘한 관계, 즉 영국이 마지못해 위의 제안을 한 배경을 교묘하게 파고들었던 것이다. 독일의 반발을 못 본 체하면서 독일의 경제적 부흥에 호의적이었던 영국이 프랑스와 그런 조약을 맺을 이해는 없다는 사실을 공략했음을 알 수 있다. 결과적으로 슈트레제만 주도로 절충안이 모색되면서 1925년 12월 그 유명한 로카르노 조약(Locarno Pact)이 탄생한다. 5개 항으로 구성된 조약의 핵심은 역시 프랑스, 독일 그리고 벨기에 간의 국경을 보장한다는 것과 모든 분쟁은 평화적으로 해결한다는 내용이었다. 세 국가가 이해 당사국이었고, 영국과 이탈리아 역시 조약에 서명했으므로 뒤의 두 국가는 조약을 보장하는 위치에 있었다. 아무튼 그것에 기초, 1926년 독일은 국제연맹의 상임이사국이 된다.

그렇다면 로카르노 조약의 전략적 함의는 무엇일까? 우선 특정 국가를 묵시적으로나 명시적으로 침략 가능 국가로 지목하지 않고 있으므로 조약은 전통적인 동맹조약의 성격을 띠고 있지 않았다. 이 말은 곧 국제연맹에서 채택된 집단안보의 개념이 어설프게 복제됐다는 의미인데, 그렇다면 국제연맹에 이미 규정되어 있는 집단안보를 로카르노와 같은 또 다른 특정의 조약으로 재확인할 필요가 있느냐는 질문을 먼저 제기해 볼 수 있다. 뒤집어 말하면 로카르노와 같은 특정의 조약이 체결되지 않는 경우 전 세계를 대상으로 포괄적인 의미를 지니고 있는 국제연맹의 집단안보는 현실적인 의미를 상실한다는 뜻이었다. 슈트레제만의 전략에 무시무시한 노림수가 있었다는 앞서의 설명은 바로 이를 두고 한 말인데, 로카르노 조약은 결국 독일이 특정의 조약을 통해 승인을 하지 않는 한 전후 승전국이 구축한 국제연맹의 안보 네트워크는 적용될 수 없다는 의미를 담고 있기 때문이다.

위의 설명은 슈트레제만이 로카르노 조약의 교섭과정에서 독일의 동쪽 국경에 대한 현상유지를 거부했다는 사실을 통해 그 함의가 더욱 분명해진다. 독일의 완강한 거부와 영국 및 이탈리아 또한 폴란드나 체코에는 관심이 없었다는 사실이 어우러지면서 독일의 동쪽 국경에 대한 보장은 조약에 포함되지 않았다. 원래 국제연맹의 가맹국 모두는 집단안보의 네트워크에 있었으므로 독일의 동쪽 국경도 보장의 대상이었지만, 로카르노 조약에서는 독일의 서쪽 국경만이 보장의 대상이었으므로 논리를 확장하면 동쪽에는 보장이 없다는 의미였다. 즉 독일을 옥죄고 있었던 국제연맹, 나아가 넓게는 베르사유 조약의 핵심 축이 붕괴되기 시작했다는 점을 알 수 있는데, 집단안보의 선택권이 결국 독일의 손에 들어간 사실은 이로써 분명해진다. 그 정도면 슈트레제만이 수행한 이행정책의 노림수가 어떤 것인지, 나아가 그를 외교사의 한 장을 장식할 수 있는 걸출한 인물로 평가하는 이유가 무엇인지는 확연해질 것이다.

아무튼 당시에는 로카르노 조약이 평화시대의 상징으로 각인되면서 조약에 대해 호평이 이어졌다. 프랑스 외상 브리앙(Aristide Briand) 및 영국의 체임벌린 외무장관 그리고 슈트레제만이 공동으로 노벨평화상을 받은 것을 보면 당시의 상황을 짐작할 수 있다. 아무튼 남북한의 화해협력 정책에 기초, 김대중 대통령이 같은 상을 받았던 장면이 70여 년 전에도 비슷하게 연출됐다는 사실은 흥미로운 대목이다. 당시 독일의 이행정책을 바탕으로 전개된 평화공세가 얼마나 효과적이었는지는 1928년 미국은 물론 유럽의 주요국 모두를 포괄하는 파리조약 [일명 켈로그-브리앙 조약(Kellogg-Briand Pact): 미국 국무장관 켈로그(Frank B. Kellogg)와 프랑스 외무장관 브리앙의 이름을 딴 조약]이 조인된 사실을 통해서도 확인할 수 있다. 내용은 서명국 모두가 '전쟁을 포기한다'는 것이었다.

그렇다면 외형적으로는 그럴듯하게 보이는 로카르노 조약의 약점은 무엇이었을까? 우선 문서상으로 그렇다는 것이지 이를 뒷받침하는 힘의 배분은 당시 존재하지 않았다. 영국과 프랑스가 동맹을 체결하지 못한 사실이 후일 비난의 대상이 되는 이

유인데, 양국이 동맹을 맺고 여기에 미국의 보장이 씌워진다면 향후 독일에 대한 확실한 억제 효과를 기대할 수 있었을 것이다. 러시아가 약해짐으로써 독일의 동쪽에 힘의 공백이 있었던 것도 독일에게는 대단히 유리한 상황이었다. 바로 이런 역학구도의 구축에 실패한 주역 중의 하나가 영국이었으므로 당시 영국의 독일에 대한 태도는 후일 유화정책(appeasement policy)이라는 이름하에 비판의 도마 위에 오르게 된다.

종이에 서명된 내용을 보장하는 실체가 없다는 사실이 불안했던지, 조약의 핵심 당사국인 프랑스조차도 조약이 조인된 지불과 2년 만에 역사상 가장 많은 자원이 소요된 방어진지인 마지노 방벽(Maginot Line)을 독일과의 국경에 구축했다는 사실은 흥미로운 대목이다. 아이러니하게도 로카르노를 지탱하는 힘의 실체가 있다면 이것이 유일한 것이었다. 하지만 이 말은 곧 프랑스가 방어에만 진력한다는 의미를 담고 있었으므로, 뒤집어 보면 폴란드와 체코가 침공당할 시 프랑스가 공세적인 입장을 취하며 이 두 국가를 위해 독일을 침공할 수는 없다는 뜻이었다. 즉 독일의 동쪽이 다시 한 번 약해지는 효과가 본의 아니게 만들어졌던 셈이다. 아무튼 위의 모든 것으로도 또 다른 세계대전을 막을 수는 없었다. 힘의 뒷받침이 없는 종이 평화(paper peace)를 믿어서는 안 된다는 교훈은 이 정도면 충분할 것이지만, 한국의 입장에서 안타까운 것은 현재의 남북한 관계에 비추어 한국이 과거의 프랑스가 될 가능성이 높다는 사실이다. 이 말은 곧 평화공세를 통해 한국도 수세에 몰릴 수 있다는 점을 암시하고 있는데, 그렇다면 반대의 경우를 살펴보면 어떨까?

냉철한 대북정책의 유효성: 1952년 스탈린의 평화공세

앞서 소개한 평화조약들은 독일의 기발한 평화공세에 영국과 프랑스는 물론 미국과 같은 강대국들이 속절없이 말려들어가는 사례를 담고 있다. 하지만 정반대의 사례 역시 역사에 기록되어 있으므로 너무 걱정할 필요는 없을 것이다. 한국전쟁이 교착상태에 빠지며 지지부진하던 1952년 3월 서독과 소련 사이에는 평화를 위한 또 다른 교묘한 줄다리기가 시작되고 있었다. 소련의 지도자 스탈린(Joseph Stalin)이 분단 독일의 통일을 미끼로 서독에게 평화공세를 취했던 것인데, 심대한 전략적 의미가 담겨져 있었다. 특히 분단국의 통일에 대한 열망을 역으로 이용한 교묘한 책략이었기에 분단 상태를 유지하고 있는 한국에게는 중요한 교훈이 될 수밖에 없다.

우선 앞서 소개한 한국전쟁의 기원을 통해 알 수 있듯이 아무도 예상치 못했던 미국의 대규모 참전에 소련도 놀라고 있었다. 소련에 대한 봉쇄가 전 세계적으로 펼쳐질 수 있다는 신호였으므로 소련도 압박을 피하기는 힘든 형국이었다. 1947년 서유럽의 부흥을 위한 마셜플랜(Marshall Plan)에 미국이 어마어마한 자원을 쏟아부은 사례는 물론, 1949년 북대서양조약기구(NATO)를 결성 서유럽의 방어에 미국이 발 벗고 나선 사실, 1949년 5월에는 미국, 영국 그리고 프랑스가 점령하고 있던 독일 영토의 약 80%가 하나로 통일되며 서독이라는 또 다른 서방의 잠재 강대국이 탄생한 점, 서독이 제한적인 범위 내에서 무장을 시작했다는 현실, 한국전쟁 발발 직후인 1950년 9월부터 서독에 주둔하고 있는 미군의 규모가 가시적으로 증가한 상황 등은 한국전쟁을 전후하여 미국이 소련에게 어떤 압박을 가하고 있었는지를 상징하고 있다. 즉 스탈린의 공세적인 정책이 반동이 돼서 되돌아오고 있다는 사실을 스탈린 자신도 느끼고 있었다는 의미이다.

이에 대한 대응으로 스탈린이 선택한 카드가 바로 독일에 대한 평화공세인데(Peace Note on Germany), 내용은 다음과 같다. 우선 제2차 세계대전 패전 후 독일을 분할 지배하던 4대 강국이 협의를 통해 독일을 독일 국민들의 자유선거에 의해 통일시키고, 통일 독일은 무장은 하되 중립국으로 남겨두자는 제안이었다. 독일 민족에게는 당연히 그들의 염원인 통일을 의미했다. 그렇다면 스탈린이 노린 것은 무엇이었을까? 우선 스탈린은 독일 전체 영토의 20% 정도인 동독을 공산제국을 위해 특정의 역할을 수행할 수 있는 독립적인 실체로 간주하지 않았다. 즉 동독이 없어도 소련제국이 생존하는 데는 별문제가 없다는 인식을 하고 있었고, 따라서 조건이 맞는다면 동독을 포기할 수도 있다는 생각이었다. 아무튼 바로 이 점이 남북한 관계, 나아가 통일과 관련 남한과 북한의 가중치가 서독과 동독과는 대단히 다르다는 사실을 깨우쳐주는 대목임에는 틀림이 없다.

여기서 스탈린이 노렸던 것은 통일 독일의 경우 중립국이므로 미군이 주둔할 수는 없다는 사실이었고, 한 걸음 나아가 미국의 군사력이 서유럽에 발붙일 가능성 역시 사실상 사라진다는 가정이었다. 분단 서독의 경우 일단 출발은 제한된 범위의 무장 상태에서 공산 동독과 대치하고 있으므로 방위를 위해 미군이 주둔하는 것은 논리상 이상할 것이 없지만, 통일이 된 후 미군이 철수하는 경우 프랑스에 미군을 주둔시킬 수 있느냐는 질문은 또 다른 차원의 문제이기 때문이다. 미군 주둔의 명분, 과거 프랑스의 위대함과 자존심, 그리고 그들의 국력 등에 비추어 이것이 쉽지 않다는 것은 자명한 사실이었다. 이 말은 곧 스탈린의 평화공세가 현실화되는 경우 미군은 유럽에 발을 붙이지 못하는 반면, 소련군은 폴란드와 소련의 국경까지 포진할 수 있으므로 힘의 균형은 소련에게 절대적으로 유래해지게 된다. 요컨대 과거 한반도 분단 시 미군과 소련군이 동시에 철수한 후 한반도 남쪽에 힘의 공백이 생성됐던 것과 유사한 상황이 재현되는 셈이다.

여기서 당사자인 서독의 선택은 당연히 중요할 수밖에 없었는데, 당시 아데나워(Konrad Adenauer)라는 걸출한 인물이 집권하고 있던 서독에서도 야당의 공세는 대단히 거셌다. 즉 독일 민족의 염원인 통일을 시켜 주겠다는 데 이를 거부할 이유는 없다는 주장을 하게 된다. 그러나 아데나워의 생각은 전혀 달랐다. 중립화된 통일 독일의 존속은 독일과 이해를 공유할 가능성이 적은 강대국들의 평화협정을 통해서만 가능하다는 것이 영민한 전략적 사고의 출발이었다. 즉 통일 독일의 경우 소련, 프랑스, 그리고 영국 등의 강대국들에 둘러싸일 것이고, 이들은 중립과 같은 통일 독일의 조건에 대해 꼬치꼬치 따지며 끊임없이 간섭할 가능성이 높다는 사실을 통일 독일의 딜레마로 보았다. 나아가 중립이라는 것은 엄연히 서류상의 보장이므로 민주 국가인 통일 독일이 자체의 군사력으로 소련과 같은 막강한 군대를 견제할 수 있는지 여부도 의문으로 남는다고 생각했다. 한마디로 통일 독일의 장래를 남의 손에 쥐어 주는 꼴이 된다는 것이 그가 스탈린의 평화공세를 단호히 거부한 이유였다.

앞서 살펴본 로카르노 조약과는 반대의 경우라는 사실을 알 수 있는데, 이번에는 한국이 서독의 경우가 되기 때문이다. 한반도에 평화협정이 체결되는 경우 남북한 모두는 전쟁을 포기한 것이 되므로 논리상 주한 미군은 한반도 남쪽에 남을 이유가 없게 된다. 즉 주한 미군이 철수해야 된다는 여론에 힘이 실리면서 한국과 미국 간에는 심각한 충돌이 발생할 수도 있다는 의미를 담고 있다. 미군이 철수한 후에는 아마도 남북 군축협상이 뒤를 이을 것이다. 하지만 6자 회담을 통해 드러났듯이 북한의 핵개발조차 막기가 힘든 현실에 비추어 북한의 군축을 어떻게 감시하고 실행하는가는 또 다른 문제일 수밖에 없다. 민주국가인 한국과는 달리 그들의 독특한 체제상의 특성을 고려하면 거의 불가능한 일이 될 가능성이 높다. 바로 이러한 현실적인 어려움과 과거의 엄정한 교훈이 있기에 낭만적인 평화에 대해 경고가 이어지는 것이다.

북방정책의 재해석

일반인들의 뇌리에는 이미 잊혀진 정책일지도 모른다. 불과 20년 전의 일이지만 그럴 가능성이 높은 것은 정책에 대한 함의가 전문가들 사이에서도 제대로 평가되지 않았기 때문이다. 한국의 대북정책 중 한국이 주도권을 행사하며 북한을 우리가 바라는 방향으로 유도한 정책은 아마도 노태우 대통령의 북방 정책이 유일하지 않나 싶다. 아무튼 노태우 대통령 시절 한국은 공산주의의 거인인 소련 및 중국과 성공적으로 수교하게 된다. 한국의 국력이 신장하고, 소련이 개혁개방 정책을 취하기 시작했으며, 중국 또한 자본주의를 본격적으로 수용한 결과, 극적으로 이루어진 외교적 업적이었다. 한국이 무려 30억 달러에 달하는 차관을 소련에 제공한 것을 보면 당시 한국의 위상은 짐작이 가고도 남음이 있다. 1990년 9월 한국과 소련이 외교관계를 처음 맺은 후 얼마 지나지 않은 1992년 8월 중국 역시 한국과 수교했다. 1978년 실권을 잡은 후 개혁개방에 매진한 후, 1989년 천안문 사태를 극복하며 자본주의 원칙을 더욱 공고히 한 덩샤오핑의 입장에서도 한국은 중요한 경제 파트너일 수밖에 없었고, 또한 외교적으로도 소련에 뒤질 수는 없는 일이었다.

냉전 체제하에서 북한을 뒷받침하고 있던 공산주의 두 강국이 한국과 우호 및 교류관계를 맺었다는 뜻인데, 이 말은 곧 북한을 뒤에서 받치고 있던 체제적 받침돌의 일부가 붕괴된 것을 의미한다. 즉 한국과 대치하고 있던 북한의 입장에서 한국 혹은 대서방 관계에 이상이 있을 시 소련과 중국이 개입하여 문제를 해결한다는 오랜 원칙이 과거처럼 지켜질 수는 없다는 뜻이었다. 이것을 전문 용어로는 체제가 주는 압박(systemic constraint)이라 하는데, 다시 말해 한국과 두 공산 강국의 수교는 한반도를 둘러싸고 있는 국제체제 자체의 변화를 유도했고, 당연한 결과로 북한 또한 이 체제 수준의 변화로부터 압박을 받을 수밖에 없다는 의미이다.

결국 북한에게 가해진 압박은 소련과 중국이 한국과 좋은 관계를 맺은 결과, 북한도 그것을 따라야 한다는 것이었으므로 경제·안보상 두 공산주의 강국에 절대적으로 의존하고 있던 북한의 상황에 비추어 북한이 체제적 압박을 거스를 수는 없는 일이었다. 이것이 바로 한반도 분단 이후 가장 획기적인 남북한 관계 개선으로 기억되고 있는 1991년 12월 남북 기본합의서의 배경이다. 보수적인 입장을 취하는 전문가들조차 북한이 그런 문서에 서명한 것은 대단히 의외였다는 평가를 내리는 것을 보면 북한이 압박을 받은 것만은 분명했다. 노태우 대통령의 회고록 역시 이를 숨기지 않고 있다.

> 제6공화국 시절 북한은 한마디로 진퇴양난이었다고 할 수 있다. 미국은 우리와 변함없이 돈독한 관계를 유지하고, 일본은 좀처럼 북한과의 관계개선을 원하지 않는 눈치였다. 북한을 지지하던 소련·중국마저 거리를 두기 시작하더니 급기야는 한국과 가까워지는 상황에까지 이르렀다. 이때 우리가 '가슴을 활짝 열고 대화하겠다'고 하니까 북한이 응하지 않을 수 없게 된 것이다.[8]

외교사는 국제체제가 주는 압박을 통해 외교적 목표가 달성될 수 있다는 생각을 한 최초의 인물로 1800년대 초 오스트리아 제국의 수상 메테르니히(Klemens von Metternich)를 지목하고 있다. 역사상 최고의 외교 천재로 기억되고 있는 그는 국제관계가 단순 양자관계에 기초해서는 평화롭게 유지될 수 없고, 따라서 양자관계를 넘는 체제 수준의 무언가가 필요하다고 보았다. 즉 강대국 어느 누구도 벗어날 수 없는 체제 수준의 결속 혹은 압박이 있어야 한다는 생각이었다. 체제적 수준의 무언가를 창출하는 과정은 대단히 복잡하지만, 아무튼 그의 생각에 기초 나폴레옹 전쟁이 끝난 다음 유럽은 이른바 유럽협조체제(European Concert)를 구축할 수 있었고, 그 후 약 100년 동안 나폴레옹 전쟁과 같이 강대국 모두가 얽히는 대규모의 충돌을 피했던 것을 보면 그가 천재로 추앙받는 이유는 분명해진다.

아무튼 이상이 북방정책을 다시 평가하는 이유다. 즉 체제 수준의 외교전략을 한국이 최초로 입안 및 시행했다는 큰 의미가 있음에도 불구하고 당시에는 물론 현재까지도, 북방정책이 메테르니히의 전략과 어느 정도는 유사하다는 평가가 내려진 적은 없기에 위의 작업이 필요하다는 의미이다. 상기의 분석은 주로 소련, 중국, 그리고 북한에 초점을 맞추고 있지만, 한국의 동맹국인 미국과 우호국인 일본이 한국의 북방정책을 적극 후원한 사실 역시 정책 성공의 중요한 요인이었다. 1990년 6월 노태우 대통령과 고르바초프 소련공산당 서기장의 샌프란시스코 회담을 미국이 적극 주선한 것이나, 한중 수교에 일본이 협조한 사례 등이 증거로 제시되고 있다.[9] 즉 동북아시아 질서의 주축인 4대 강국과 한국이 하나의 묶음이 됐고, 그 결과 북한이 체제적 압박을 받았다는 뜻이다. 그렇다면 당시의 업적은 그 후 한국의 대외전략에 어떠한 교훈을 남기고 있는 것일까?

주변국의 중국 포위 전략

역사는 체제 수준의 압박을 받으면 북한이 움직인다는 사실을 보여 주고 있다. 북방정책 이후 정책결정자들이 체제 수준의 사고를 했는지는 알 수 없으나 소련이 소멸한 후 한국과 중국의 경우 적어도 비안보 분야에서는 역사상 그 예를 찾기 힘들 정도로 급속히 가까워졌다. 한국의 대외경제 및 문화관계가 대표적인데, 중국이 숱한 분야의 통계에서 1위인 것을 보면 그 정도는 짐작하고 남음이 있다. 이렇게 보면 1990년대 초 소련과 중국을 우리 편으로 끌어들이는 전략이 그동안 지속되었고 그 정도가 더욱 심화됐다고 볼 수 있는데, 하지만 북한이 생존을 위해 새로운 군사전략을 채택하면서 기존의 전략은 암초에 부딪치게 된다.

북한의 핵개발이 전략적으로 어떤 의미를 지니는지는 앞서 살펴본 바와 같다. 한국은 물론 미국 및 일본에게도 치명적인 위해 요인이 된다는 점이 분석의 요체였다. 그러나 핵무기를 제거하기 위한 한국과 서방의 노력에 중국이 비협조적으로 나오면서 1990년대 유효했던 비정치 중심의 체제 압박전략은 한계를 노정할 수밖에 없었다. 이 문제 역시 중국이 한반도에 대해 취하고 있는 순망치한의 전략, 그리고 안보와 비안보 분야의 가치가 서로 교환될 수 없다는 국제정치경제학의 가설 등을 통해 짚어 본 바 있지만, 만약 그럼에도 체제적 압박을 통한 외교전략이 여전히 유효하다면, 과거와는 다른 체제 수준의 압박전략은 어떤 방식을 통해 가능해질까?

앞서 한국이 어떻게 탄생을 했고, 무슨 우여곡절을 겪으며 오늘의 번영을 이룰 수 있었는지에 대해 살펴본 적이 있다. 역시 안보 측면에서는 미국의 존재가 가장 두드러진 변수였고, 나아가 일본의 묵시적인 뒷받침도 중요한 요소였다. 경제적으로도 이 구도에는 변함이 없었는데, 앞서 소개한 다양한 통계자료가 보여 주듯 미국과 일본은 오랫동안 한국 경제발전의 대외적인 중심축 역할을 해 왔다. 북방정책 또한 두 국가와의 관계에 변함이 없다는 전제하에 또 다른 외부 변수, 즉 소련과 중국을 끌어들인 모습을 띠고 있으므로 미국과 일본을 제외한 체제 수준의 압박전략을 상상할 수 없는 일이다.

그렇다면 소련을 이은 러시아의 국력에는 한계가 있으므로 원리상 마지막 남은 북한의 후견인인 중국이 북한에 압력을 행사하는 경우 체제적인 압박은 다시 창출할 수 있게 된다. 과거 10년간 계속된 남북한 화해협력, 즉 햇볕정책 역시 변화를 유발하는 압박이라는 측면에서는 비슷한 면이 있었다. 즉 북한과 우호관계를 증진함으로써 북한은 물론 중국의 태도 또한 우리가 원하는 방향으로 바꿀 수 있다는 논리였다. 하지만 6자 회담의 파행, 북한의 독자적인 핵무기 개발, 자신의 의도가 관철되지 않는 경우 언제든지 자행되는 대남 도발 등을 통해 화해협력정책을 통한 체제적 압박이 창출되지 않는다는 사실은 분명해졌다. 그렇다면 논리상 체제적 압박의 생성을 위한 가장 중요한 변수인 중국에 대한 정책을 재고해 볼 필요가 있는데, 이것이 바로 한반도 나아가 동아시아 역학구도를 다시 평가해야만 하는 이유이다.

우선 동아시아 지역에서 가장 강력한 힘을 지니고 있고, 체제 수준의 영향력 행사가 가능한 유일한 국가인 미국의 입장을 살펴보면 지역구도 자체가 어떤 방식으로 변할 수 있는지를 가늠해 볼 수 있을 것이다. 소련 소멸 이후 미국의 대중(對中) 정책을 살펴보면 대략 세 가지의 특징적인 변화를 발견할 수 있다. 소련은 우선 공산주의의 모순으로 멸망한 셈이므로 구공산권 국가 대부분은 생존을 위해 자본주의 체제를 도입하지 않을 수 없었고, 결과적으로 미국은 자의적인 노력 없이도 소련이 남겨놓은 공백을 자신이 원하는 방향으로 자연스레 메울 수 있었다. 중국 역시 1989년 천안문 사태를 극복하기 위해 1992년 초 덩샤오핑이 남순강화(南巡講話)를 단행하며 자본주의 체제를 더욱 강화시키는 조치를 취하고 있었으므로 세계는 사실상 하나의 단일 경제체제, 즉 자본주의로 통일됐음을 알 수 있다. 다시 말해 미국의 입장에서는 특별한 조치를 취하지 않고도 국제정세가 자신들에게 유리한 방향으로 잡혔던 셈이다. 바로 이런 배경하에 등장한 것이 클린턴 행정부의 대중 유화정책, 즉 중국을 미국의 전략적 동반자로 간주하는 정책이었다.

하지만 부시 행정부로 들어오면서 미국의 대중국관에는 변화가 일기 시작한다. 이를 가장 잘 드러낸 사례는 2001년의 미국 국방부 보고서였는데, 다음의 분석을 통해 시각이 어느 정도 변했는지를 알 수 있다: 미국은 "유럽, 동북아시아, 동아시아 연안지역(East Asian littoral), 중동, 그리고 서남아시아와 같은 중요 지역에 대한 적대적 행위를 단호히 배격하겠다."고 강조하며, "지금 현재는 미국에 필적하는 경쟁자가 없으나, 지역 강대국이 미국의 이해와 직결되는 안정을 해칠 수 있는 충분한 능력을 개발할 가능성이 있는바" 특히 동아시아 지역이 그럴 것이라고 예견하고 있다. 따라서 "동아시아 연안은 특히 도전적인 지역이 될 수밖에 없고, 결과적으로 아시아에서 안정된 균형을 유지하는 것은 대단히 복잡한 과제가 될 것이라며" 중국을 지목하고 있다. 중국에 대해서는 다음과 같은 단정적인 평가가 이어지는데, 중국은 미국의 입장에서 "엄청난 자원을 가진 군사적 경쟁자라는 것이다."[10] 따라서 이것만 봐도 미국이 중국을 견제하겠다는 의도를 알 수 있지만, 다음의 발언을 보면 정책의 구체적인 수단이 더욱 선명하게 드러난다.

오바마 행정부가 들어서면서 미국의 대중국 전략은 보다 구체화되기 시작했다. 가장 최근의 분석인 힐러리 클린턴(Hillary Clinton) 미국 국무장관의 기고는 사실상 새로운 압박 전략의 결정판이라 볼 수 있는데, 내용은 다음과 같다: "향후 지정학의 미래는 아프가니스탄이나 이라크가 아닌 아시아에서 결판이 날 것이고, 따라서 미국은 행동의 중심부에 당연히 있어야 한다."고 단언하며, 일단 미국 전략의 기본 방향을 제시하고 있다. 구체적으로 "이라크 전쟁이 잠잠해지고, 아프가니스탄에서 미군의 철군이 확정된 현시점에서 미국은 중요한 전환점을 맞고 있다."고 향후 정세를 지적하면서, 미국의 개입 전략이 우선은 미국의 지정학적 우월성에 기초한다는 사실을 숨기지 않고 있다.[11]

여기서 지정학적 우월성의 근거로는 "미국의 경우 이 지역에서 강력한 동맹체제를 구축하고 있으며, 또한 영토적 야심이 없고, 지역 공공재를 오랫동안 제공한 유일한 국가"라는 사실을 들고 있는데, 조약상 미국과 동맹관계에 있는 한국, 일본, 호주, 필리핀 그리고 태국을 활용하되 특히 아시아의 강국인 한국과 일본이 핵심축이라는 점을 확인하고 있다. 나아가 민주국가인 인도에 대해서는 미국이 이미 전략적 베팅(strategic bet)을 하고 있다고 밝히면서, 인도네시아와도 합동 군사훈련을 재개했다는 사실을 강조하고 있다. 즉 동아시아에 적극 개입하며 중국을 포위하겠다는 의사가 분명함을 확인할 수 있는바, 이를 집약한 "전진 배치 외교전략(forward-deployed diplomacy)"이라는 보다 공세적인 용어를 통해 미국의 의사는 분명해진다. 특히 중국에 대해서는 "향후 미국이 중국에 요구할 바를 분명히 밝힐 것임은 물론, 어떠한 비현실적인 기대(unrealistic expectation)도 하지 않겠다."는 강경한 입장을 고수하고 있는 것도 눈에 띈다.[12]

새로운 전략은 최근 특히 군사분야에서 구체화되고 있다. 대만이 보유하고 있는 기존 F16 전투기의 성능개량을 승인한 사실, 필리핀과 태국에 차세대 대잠수함 초계기 P-8A 포세이돈을 배치한 사실, 호주 다윈의 로버트슨 해군기지에 미 해병대 2,500명을 주둔시키기로 합의한 사실, 인도네시아에 F16 전투기 24대를 판매하기로 결정한 사실, 베트남의 캄란 만 해군기지 사용을 협의하고 있는 사실, 가장 중요한 것이지만 동아시아 해양 통로의 요충인 말레카 해협에 위치한 싱가포르에 가장 최근에 개발된 최신예 함정이며 대당 가격이 무려 4억 달러가 넘는 인디펜던스 스텔스 함정 여러 척을 배치하기로 합의한 사실 등을 통해 미국의 의도는 숨길 수 없는 현실이 됐다.

아무튼 이상이 미국의 대동아시아 전략의 변화 추세이고, 그 내용이다. 문외한이라도 지도를 펼쳐 보면 한국을 출발점으로 대만과 필리핀을 거쳐 인도까지 중국의 해안 지역을 완전히 포위하고 있음을 알 수 있는데, 그렇다면 중국은 어떤 압박을 받을까? 중국으로서는 우선 운명적인 굴레이지만 그동안은 내재되어 있던 지정학적인 열세가 만천하에 드러나는 아픔을 겪을 수밖에 없다. 다시 말해 약점이 분명 드러난 이상 주변국에 대한 압박은 사실상 불가능해진다는 의미이다. 다음으로 이런 포위선을 돌파하기 위해서는 막강한 군사력이 필요하지만, 중국의 군사력을 주변국을 제외한 채 미국 한 국가와만 비교해 보아도 포위망을 뚫을 수 있는 군사력의 확충은 요원한 꿈일 수밖에 없다. 질적인 비교는 차치하고 양적인 측면만 비교해도 미국 군사력의 약 10%밖에 안 되는 것이 중국의 현 군사력이므로 이를 극복하기 위해서는 많은 시간과 어마어마한 자원이 소요된다는 사실을 알 수 있다.

나아가 불리한 상황의 극복을 위해 국가자산의 상당 부분을 군사력에 투입하는 경우, 그 효과가 언제 가시화될지도 모르는 일이지만, 일단 현재의 경제 고성장에 제동이 걸리는 것은 피할 수 없게 된다. 이에 발맞춰 주변국 역시 군비경쟁에 뛰어들 것이므로 군사력 강화를 위한 투입의 효과는 절대적이 아닌 상대적으로 나타날 수밖에 없다. 소련이 바로 그런 일을 무리하게 추진하다가 망한 것을 보면 중국의 장래를 그리는 것이 어려운 일만을 아닐 것이다. 바로 그런 사실이 중국이 뚜렷한 대안을 찾기 힘든 현실적 배경인데, 아무튼 미국과 주변국의 새로운 포위전략으로 중국이 체제수준의 압박을 받는 것만은 분명하다. 과거의 역사와 국제정치 이론이 보여 주듯 이 경우 중국이 팽창주의, 즉 주변국에 대한 압박 전략을 변화시키는 것 이외에는 대안을 찾기 어려운 것이 현실이 된다. 위의 전략구도에 한반도와 한국의 대외정책을 대입해 보면 어떤 그림이 가능할까?

대중국 전략의 혼돈

연미화중(聯美和中)이라는 말이 있다. 미국과 중국이라는 초강대국 사이에서 나름의 번영을 누려야 하는 한국이 취해야 할 균형전략을 의미한다. 구체적으로 연미화중이라는 주제로 출판된 저술은 연미화중을 다음과 같이 설명하고 있다: "중국에서 얻은 경제적 이익을 바탕으로 (한국이) 중국의 가상적인 미국과의 기존 동맹을 유지시키는 것에 대하여 중국 측이 심각하게 거부감을 갖고 있다는 것이 여러 각도에서 감지·표현되고 있다. (중략) 결론적으로 한미동맹의 유지와 중국과의 친화가 절대적으로 중요한 시점에 있다고 하겠다. (중략) 이런 전제하에서 우리가 취해야 할 외교안보전략은 연미화중이다. 이것은 연미통중(聯美通中)과 연미연중(聯美聯中) 간의 중간전략이다. 연미통중이 미국에 기울어진 동맹우선전략이라 한다면 연미연중은 미중을 다 같이 포괄하는 균형전략이다. 이에 반해 연미화중은 미국과 동맹을 근간으로 하면서 중국을 중심으로 한 아시아 각국과 중층적 이익의 협조 기반을 구축하는 전략이다. 이것은 한마디로 우리의 운명이 미중의 파워게임에 의해 규정되는 것을 극복하고자 하는 전략이다."13)

한마디로 미국으로 중심축을 조금 더 기울게 하되, 중국과의 관계 또한 중요하므로 중국에게도 다소간의 차이는 나지만 가시적인 가중치를 실어 양자 간에 균형을 취하자는 것이 연미화중임을 알 수 있다. 겉으로 보면 대단히 합리적이고 이상적인 정책처럼 보일 것이다. 그렇게만 되면 논리상 한국은 중국과 미국의 가운데 서서 어느 국가에도 휘둘리지 않으면서 우리 고유의 이해를 극대화시킬 수 있을지도 모른다. 하지만 매 구절을 자세히 살펴보면 현실과는 다소 괴리된 점을 발견할 수 있다.

우선 경제적 이득과 안보상의 이해가 다른 차원에 존재하며, 따라서 미국과 중국 간에 대립구도가 형성되고 있다는 사실을 연미화중의 논리는 '중국의 가상 적국이 미국'이라는 표현을 통해 분명 인정하고 있다. 즉 양국 간의 경제관계는 대단히 상호의존적이어서 양국 모두 엄청난 이득을 취하고 있는 결과, 대단히 좋은 상황이지만, 군사 분야에서는 양국 간에 분명 경쟁과 대립구도가 형성되고 있다는 의미이다. 그런 점에서는 현실을 대단히 잘 반영한다고 할 수 있는데, 그렇다면 앞서 살펴본 안보와 경제 가치 간 교환불가의 원칙이 상존하는 경우 이 두 가지 상충되는 이해를 조정하는 구체적인 방법은 무엇일까? 여기에 대해서는 연미화중 전략은 물론, 한국이 미국 및 중국과 모두 잘 지내야 한다는 그 밖의 주장들도 분명한 해결책을 제시한 적이 없다. 역사적으로나 이론적으로 뚜렷한 해결책을 찾기가 어렵다는 사실이 그렇게 되는 이유일 것이다.

앞서 카의 분석을 통해 안보우위의 가설을 설명한 바 있다. 한마디로 안보는 제로섬의 특징을 지니고 있고 반면 경제관계는 그 반대인 포지티브섬의 세계라는 것이 그렇게 되는 가장 큰 까닭이다. 여기서 제로섬이란 나의 이득이 상대방에게는 손실이 되는 경우를 의미하고, 반대로 포지티브섬이란 나의 이득이 곧 상대방의 손실은 아니며 차이는 있을 수 있지만 둘 다 이득을 취하는 세계를 뜻한다. 그러므로 논리상 미국과 중국을 서로 가상 적국으로 산정한다는 것은 미국과 중국의 관계가 군사 분야에서는 제로섬의 성격을 지니고 있다는 의미임을 알 수 있다. 반면 양국 경제관계의 경우 어느 국가가 더 많은 이득을 취하는지는 따져 봐야 하겠지만, 두 국가 모두 만족할 만한 이득을 공유하고 있다는 점은 분명 현실이다. 바로 그런 특징을 지니고 있는 관계가 포지티브섬의 세계인데, 여기서 중요한 것은 한중, 중일 등 거의 모든 경제관계에 같은 원칙이 적용된다는 사실이다. 하지만 국제관계의 그러한 이중성에는 일반인들을 헷갈리게 한다는 문제점이 있다. 따라서 경제적으로는 그토록 잘 지내면서 군사적으로는 왜 으르렁대는가라는 질문이 수시로 제기되는 것은 이상한 일이 아닐 것이다. 그러나 두 변수가 서로 다른 차원에 존재한다는 설명을 통해 답변은 의외로 쉽게 얻을 수 있다.

만약 연미화중이 옳다면 천안함 사태 때 중국이 그토록 반대했음에도 미 제7함대의 주력이 서해에 진입한 후, 전후 최대 규모의 한미합동 훈련이 실시된 것은 어떻게 설명할 수 있을까? 연미화중의 원칙에 따르면 미 함대가 서해에 진출하기 전에 한국은 중국의 의사를 타진했어야 했고, 그 결과를 바탕으로 미국의 의사와 절충하며 미국과 중국 중 미국으로 약간 기운 안을 채택·관철시켜야 했을 것이다. 하지만 한국은 중국의 의사를 물은 바 없고, 나아가 중국 또한 미함대의 서해 진출에 대해 보복을 하겠다고 으름장을 놓았다. 하지만 막상 무시무시한 항공모함 조지워싱턴 호를 포함 7함대의 본진이 서해 깊숙이 진입했음에도 불구하고 이에 상응하는 함대를 중국이 발진시키지는 못했다. 변변한 정찰함 한 척 띄우지 못했던 것은 물론 훈련이 막상 시작되자 비판을 삼간 채 숨을 죽이고 있었다. 서해의 한미합동 훈련 직후 센카쿠 열도 동쪽에서 서해 군사훈련의 무려 다섯 배 규모에 이르는 전후 최대 수준의 미일 해군합동 훈련이 있었음은 누구나 아는 사실이다. 바로 이런 점들이 연미화중의 경우 구체적인 실천 방안에서는 치명적인 약점이 있다고 보는 이유이다.

다음으로 연미화중 전략에는 "중국에서 얻은 경제적 이익을 바탕으로 (한국이) 중국의 가상적인 미국과의 기존 동맹을 유지시키는 것에 대하여 중국 측이 심각하게 거부감을 갖고 있다는 것이 여러 각도에서 감지·표현되고 있다."는 설명이 있다. 우선 한중경제관계에서 한국이 이득을 취하는 것만큼 중국도 이득을 취하고 있다는 점은 부인할 수 없는 현실이다. 양국 모두 원윈 게임을 하고 있는 셈인데, 서로 동등한 수준에서 경쟁하고 교류해서 얻은 이득을 한국과 중국이 각기 어떻게 사용하든 서로 간섭할 일은 당연히 아니다. 한국의 경제적 이득 거의 모두가 중국을 통해서만 얻어지는 것은 더더욱 아니다. 만약 중국이 한미관계에 거부감을 지니고 있다면 그것을 극복하기 위해서 중국은 다음과 같은 태도를 취해야만 한다.

우선 북한과는 비교할 수 없을 만큼 경제적으로 가까운 한국을 위해 중국 역시 안보문제의 해결에 있어 한국에 기꺼이 협조해야 할 것이다. 구체적으로 한국을 직접적으로 위협하는 북한의 핵무기 제거를 위해 두 발 벗고 나서야 함은 물론, 북한이 한국을 공격할 수 없도록 구체적인 해법을 도출하고 그것을 실천해야만 한다. 즉 북한의 핵무기 혹은 군사 도발을 억제하기 위해 중국이 쥐고 있는 북한의 가장 아픈 명줄인 식량과 원유 공급을 제한하거나 끊는 조치를 취할 수 있어야 한다는 말이다. 물론 중국은 그래 본 적도 없고, 또 그럴 수도 없을 것이다. 여기서 경제 가치가 안보 이해와는 쉽게 교환될 수 없다는 증거는 다시 한 번 나온 셈인데, 같은 논리를 확장하면 다음의 그림이 그려진다. 중국이 그런 행동을 보이지 않는 한 한국의 안보에 절대적인 영향력을 행사하는 미국, 그리고 그것에 기초한 한국과 미국의 안보관계를 중국이 왈가왈부할 상황은 분명 아니라는 사실이다.

연미화중 전략은 "중국을 중심으로 한 아시아 각국과 중층적 이익의 협조 기반을 구축"한다는 구체적인 실천 방안을 담고 있다. 이 말은 곧 아시아 각국들이 중국 쪽으로 기울고 있다는 점을 가정하고 있는데, 그렇다면 앞서 설명한 미국과 중국 주변국 거의 모두가 참여하는 대중 포위전략에 대해서는 어떤 설명이 가능할까? 즉 월남전을 통해 미국과 원수지간이 된 베트남이 미 군함을 자국의 군항에 끌어들이며 합동 군사훈련

비슷한 것을 하고, 미국에게 군사적인 문호를 가시적으로 개방한 적이 없는 싱가포르가 미국 최신에 군함의 항구 사용을 허락하고, 미군이 주둔한 적이 없던 호주에 미국 해병대가 처음 주둔하기 시작한 일련의 사태를 설명할 길이 없다는 의미이다.

모든 일이 이런 방식으로 돌아간다는 것은 결국 각국의 이해와 힘의 역학구도가 그렇게 잡혀 있다는 뜻이기도 하다. 이 말에는 곧 미국이 지닌 힘의 투사능력은 월등한 데 비해 중국의 그것은 별것 없다는 현실이 담겨져 있다. 만약 어느 특정 국가가 미국에 기우는 경우 그것에 상응하는 군사 및 경제적 보복을 중국이 즉각 시행할 수 있다면 아시아의 그 많은 국가들이 그토록 손쉽게 미국 쪽으로 기울 수는 없었을 것이다. 같은 조건이 한국에게도 적용되는 것은 물론이다. 한국이 미국과 안보연대를 강화한다고 하면 중국이 한국과의 비군사적인 관계를 훼손할 수 있을까? 동남아 어느 국가도 중국과 경제적으로 가깝지 않은 국가는 거의 없다. 하지만 이들이 미국 쪽으로 기우는 데도 중국이 별 조치를 취하지 못하는 것과 같은 이치로 한국에 대해서도 뚜렷한 반격을 가하기는 힘든 것이 현실이다. 서로 다른 가치의 교환불가원칙 또한 그렇게 될 수밖에 없는 이유를 잘 설명하고 있다. 즉 경제관계의 활성화를 통해 안보문제를 해결할 수 없듯이, 안보 분야에서 일이 틀어진다고 해도 경제관계가 가시적으로 훼손되기는 쉽지 않다는 의미이다.

중국에 대한 두려움이나 경외심이 생성되는 주요 원인은 역시 중국이 지금도 크고 강하지만, 향후 미국을 능가할 것이 뻔하다는 가정에 기초하고 있다. 그렇다면 다음과 같은 흥미로운 질문을 해 볼 수도 있을 것이다. 연미화중 전략이 우려하는 바와 같이 현재 한국이 미국에 경도되어 중국의 심기를 많이 건드렸다고 가정하고, 후일 중국이 미국을 앞서는 경우 한국이 그때서야 중국 쪽으로 기우는 경우 중국은 한국을 괘씸죄로 홀대할 수 있을까? 그렇지는 않을 것이다. 모두에서 소개한 한반도가 지니고 있는 지정학적 운명은 뒤집어 보면 강대국들의 이해가 서로 얽혀 어느 국가도 한반도를 마음대로 할 수 없다는 반증이기 때문이다. 골칫거리일 수도 있는 북한을 싸고도는 중국의 태도를 보면 한반도가 중국에게 어떤 지정학적인 가치가 있는지는 짐작하고도 남음이 있다. 한반도를 점령하기 위해 욱일승천하던 제국주의 일본조차도 청일전쟁, 영일동맹, 미일 가쓰라-태프트 밀약, 러일전쟁 등 숱한 난관을 극복해야만 했다. 이 말은 곧 일본 다음의 아시아 부국인 한국의 입지와 한반도의 지정학적 복잡성에 비추어 중국이 후일 정말 강해졌다고 해도 한국을 홀대할 수는 없다는 점이 운명적으로 양국 간에는 드리워져 있다는 사실을 강하게 암시하고 있다. 즉 상황이 그 수준까지 갈 가능성은 대단히 희박하지만, 그때 가서 중국과 잘 지내는 방법은 얼마든지 있다는 의미이다.

체제 수준의 압박을 가능하게 하는 요인

아무튼 연미화중 전략은 중국 주변국 거의 전부가 참여하고 있는 중국에 대한 포위전략에 한국이 동참해서는 안 된다는 메시지를 담고 있다. 중국 주변국이 미국을 중심으로 모두 같이 움직이는데, 아시아에서 미국의 제1동맹국인 한국이 이에 동참하지 않는 것은 가능한 일일까? 그렇다면 제주도에 군항을 짓겠다고 결심한 노무현 대통령의 결정은 무엇이었을까? 그분이 돌아가셔서 깊은 속내는 알 수 없지만, 한 가지 분명한 것은 서해의 기존 군항과 제주도에 들어설 새로운 군항, 그리고 한미 동맹관계를 감안하는 경우 산둥성 칭다오에 사령부를 두고 있는 중국의 북해함대는 이미 포위된 것이나 다름이 없다는 사실이다. 서해 및 제주도 군항에 성능 좋은 장거리 지대함 미사일을 배치하는 경우 마치 지브롤터 해협을 통해 영국이 지중해의 모든 함대를 봉쇄할 수 있었듯이 유사시 중국의 북해함대를 같은 이치로 봉쇄할 수 있다는 것은 군사전략상 상식이기 때문이다.

한국전 이후 처음으로 미 제7함대의 본진이 서해에 깊숙이 진입했다는 것은 서해가 중국의 내해라는 중국 측의 오랜 주장을 한국과 미국이 묵살하고 있다는 의미를 담고 있다. 나아가 과거와는 달리 한국과 군사협력을 강화하려는 일본의 의도가 집요해진 것은 무엇을 의미할까? 아무튼 분명한 것은 한국 정부의 의도도 내심은 그러하겠지만, 설사 무언가 꺼림칙한 점이 있더라도 한국이 미국과 함께 암암리에 위에서 설명한 방향으로 가는 것만은 분명하고, 따라서 중국을 포위하는 전략에 한 발을 담고 있는 사실을 부인하기는 힘든 것이 현실이다.

물론 중국에 대한 압박 전략을 한국이 공개적으로 천명하며 행동할 필요는 없을 것이다. 북방정책 역시 따지고 보면 1980년대 말부터 가시화된 세계 수준의 자유화, 그리고 화해 및 개방이라는 보편적 가치에 기초하고 있었다. 하지만 그 결과는 눈에는 잘 안 보이지만 북한에 대한 확실한 체제적 압박이었다. 마찬가지로 현시점에서도 한반도 주변 국제정세, 역학구도, 그리고 한국의 이해를 정확히 계산한 후 그 결과를 따르면 족한 것이다. 어차피 공산주의와 자본주의가 공존하는 중국의 내부 모순, 그리고 이를 극복하기 위해 새로이 집착하는 민족주의의 강화, 서구가 구축한 질서에서 어떻게 행동해야 되는지를 깨달은 바 없는 중국만의 독특한 경험 등은 지울 수 없는 현실이다. 따라서 사실상 선진국이며 서방의 일원인 한국이 이해하기 힘든 방향으로 두 국가가 충돌할 가능성은 여전히 남아 있는 셈인데, 최근 한국 해경 한 분이 중국 어부가 휘두른 창에 찔려 사망한 어처구니없는 사건을 통해 이 점은 더욱 분명해진다.

여기서 논리를 조금 확장하면 비슷한 사건이 반복되는 경우 매번 엄중히 대처하는 것만으로도 앞서 설명한 동아시아의 역학구도는 양국관계에 상당 부분 그대로 반영된다는 사실을 알 수 있다. 흥미롭게도 그런 류의 분쟁은 한국만 겪는 것이 아니다. 정도의 차이는 있지만 일본 및 동남아시아 국가들도 비슷한 경험이 있다. 따라서 문제를 합리적으로 해결한다는 차원에서 관련 당사국 모두가 중국과 대면하여 새로운 공동 규범을 만드는 것도 동아시아의 현 국제정세를 반영하는 방법일 것이다. 그렇다면 한국이 동아시아 역학구도를 반영하는 정책을 점진적으로 추진하는 경우 구체적으로는 어떤 이득을 취할 수 있을까? 답변을 위해서는 논리상 중국이 받는 압박을 역으로 환산할 필요가 있다.

안보문제가 제로섬의 성격을 지니고 있다는 사실은 앞서 지적한 바와 같다. 가중치가 경제 사안보다는 훨씬 높다는 의미인바, 한마디로 안보문제를 잘못 다루는 경우 전쟁이 날 가능성이 있고, 이는 곧 국민의 생명과 재산에 대한 침해를 의미한다. 경제관계의 뒤틀림과는 차원이 다른 엄청난 일임을 알 수 있는데, 따라서 안보관계에서는 만 분의 일의 확률이 있더라도 국가는 대응을 할 수밖에 없는 것이 현실이다. 여기서 군사적인 대응 발진을 살펴보면 그림은 더욱 선명해진다. 앞서 미 7함대의 서해 발진에 대해 중국이 비슷한 규모의 함대를 한미 연합군과 어느 정도 떨어진 거리에 띄워 훈련을 감시하고, 중국의 군사력을 과시해야만 했다는 설명을 소개한 적이 있다. 그럴 가능성은 대단히 낮지만, 만에 하나 한미연합군이 중국의 항구로 진격하는 경우 중국은 어떻게 대응할 수 있을까? 여기서 중국이 대응 발진을 못했다는 것은 중국의 군사력, 특히 해군력의 수준이 그것밖에는 안 된다는 것을 스스로 증명하는 셈이므로, 중국이 다른 국가를 압박하는 실제 수단은 대단히 제한적이라는 사실이 폭로될 수밖에 없었다. 나아가 대응 발진이 없었으므로 미 해군은 서해에 수시로 출몰할 가능성이 높고, 특히 중국의 북해함대와 동해함대에 대한 정보를 낱낱이 수집할 수 있는 기회를 얻게 될 것이다.

논리가 이렇기에 중국은 미국의 포위전략에 대응을 해야만 하는데, 방법은 두 가지일 것이다. 하나는 팽창주의 정책을 포기하고 주변 국가들과 잘 지내는 것이고, 다른 하나는 군사력을 강화 미국의 전진배치에 맞서는 것이다. 만약 후자를 택하는 경우 양적으로 판단한 현재 중국군의 전력이 미국의 10% 내외라는 평가는 중국에게 심각한 압박으로 작용할 것이다. 즉 가시적인 군비증강에 나서야만 하는데, 현 경제력에 비추어 중국은 과연 국방예산을 지금보다 획기적으로 증액시키는 부담을 감내할 수 있을까? 또한 무슨 기술력으로 첨단의 무기를 만드는 것이 가능할까? 현재 중국이 보유하고 있는 것 중 그나마 첨단의 성격을 지니고 있는 무기 대부분이 미국과 비교해 군사 기술력이 한 수 아래인 러시아 무기를 모방한 것임은 누구나 아는 사실이다.

더욱 중요한 것은 막대한 국방비를 재순환시키는 메커니즘이 중국에게는 없다는 점이다. 우선 미국의 경우는 국방 기술의 80% 이상을 민간분야에서 개발된 기술을 원용하고 있다. 다시 말해 이익을 추구하는 민간부분에서 이미 기술개발 비용을 모두 회수하고 이득을 창출한 기술을 활용한다는 말이다. 바로 이 점이 자본주의체제의 장점인데, 그것은 곧 미국의 경우 적어도 군사기술에 관한 한 막대한 비용을 별도로 들이지 않고도 개발이 가능하다는 것을 뜻한다. 따라서 비슷한 메커니즘을 발전시키지 못한 중국이 군사기술에 많은 예산을 투입하는 경우, 그것이 밑 빠진 독에 물 붓기가 될 가능성이 높다는 사실은 어느 정도 분명해진다. 아무튼 구소련의 경우 앞서 설명한 다양한 조건을 갖추지 못한 채 미국과 군비경쟁을 벌이다가 망한 역사적 현실은 중국의 부담을 잘 설명해 주고 있다.

이 모든 것은 결국 한국을 무시하고, 일본에 으스대고, 나머지 주변국을 압박한 중국이 치러야 할 대가이다. 초점을 한반도에 맞추는 경우에도 세기의 낙오자이며 지역 불안정의 조장자인 북한을 중국이 감싸게 되면 대가는 미 해군의 서해 진주에서 드러나듯 중국이 체제적 압박을 피하기 어렵다는 현실로 나타난다. 과거 수백 년의 외교사는 분명한 교훈을 남기고 있다. 체제적 압박을 받는 국가가 기존의 행보를 변화시키지 않는 경우는 거의 없다고. 따라서 한반도 문제에 대한 주도권의 상당 부분을 화해 협력에 기초, 오랫동안 중국에 쥐어졌음에도 불구하고 북한의 핵문제를 비롯, 비정상적인 한반도의 상황을 중국이 해결하지 못했다면, 한국이 다른 전략을 구사한다 하여도 감성적으로나 이성적으로 트집잡힐 이유는 사실상 존재하지 않는다.

한국의 경제적 우위

한국이 성취한 외교적 업적의 상당 부분은 앞서 설명했기 때문에 경제적 측면만을 별도로 분리해 관찰할 필요가 있는데, 다음의 중요한 사실이 부각되는 경우는 거의 없었던 것 같다. 한국은 우선 경제위기를 경험할 때마다 한 번도 뒷걸음친 적이 없었다. 위기를 극복하기 위해 항상 대담한 정책이 시행됐고, 모든 분야에서 세계 자본주의의 흐름에 맞게 개혁과 개방이 단행됐다. 불행히도 이 점이 조명된 경우가 거의 없어 우리의 과거사에 대한 비판이 너무 득세하고, 그것에 기초 심지어는 공산정권까지 합리화하는 경우가 있기에 외교 문제와는 다소 거리가 있는 한국경제의 위대함을 짚어 보는 것이다.

가난을 극복하는 방법으로 박정희 대통령이 택한 수출주도형 정책은 닫혀 있던 경제를 개혁과 개방하겠다는 첫 신호였다. 사실 말이 쉽지 과거와는 다른 획기적인 변화를 택한다는 것은 정치적으로 도박이나 다름이 없다. 하지만 우리의 지도자들은 그런 일을 눈 하나 깜짝하지 않고 시행했다. 박정희 대통령의 경제발전 모델도 대통령의 말기에는 수명을 다하게 되는데, 무리한 중화학공업 육성의 부작용인 중복과잉 투자 그리고 기업의 이윤율 저하가 위기의 핵심이었다. 대통령이 저격된 후 한국이 처음으로 마이너스 3.7%의 성장을 기록했다는 사실은 당시의 상황을 대변하고 있다. 아무튼 공은 집권 과정이 너무 엉망이라 지금도 비판의 대상이 되는 전두환 대통령에게로 넘어갈 수밖에 없었다. 그러나 당시 지도자들의 발상 또한 획기적인 것이어서 정부의 간섭을 줄이는 가운데 시장원리를 과감히 확대하는 것은 물론, 대외 개방을 더욱 강화하는 조치를 취하게 된다.

그 후 노태우 대통령 시절부터는 모든 분야에서 정부의 간섭이 축소되는 자유화가 급진전되면서 한국은 서구의 선진국에 보다 가까운 정치경제 모델을 구축할 수 있었다. 이런 개혁과 개방을 배경으로 김영삼 대통령이 집권하면서 선진국의 모임인 OECD에 가입하는 과감한 조치가 뒤를 잇게 되고, 금융실명제를 비롯한 다양한 선진국형 개혁조치가 단행된 것은 누구나 아는 사실이다. 물론 금융분야가 빠른 속도로 과도하게 개방되면서 그 후유증으로 외환위기를 맞았지만 이를 극복하는 과정에서 김대중 대통령이 보여 준 결단 역시 획기적인 면이 있었다. 겁이 날만도 하지만 김대중 대통령은 경제의 모든 분야를 대외적으로 개방하는 단안을 내리게 된다. 이상을 보면 한국의 경우 위기 시 이를 돌파하는 전략이 남달랐던 것만은 확실하고, 그 뒤에는 늘 유능한 인물들이 포진하고 있었다.

반면 중국의 경우는 덩샤오핑의 개혁 개방 이후 위기가 닥치면 늘 뒷걸음을 치는 행보를 보여 왔다. 민주화를 위한 절호의 기회였던 1989년 천안문 사태 시 중국 지도부는 개혁개방의 정치적 의미와는 거리가 먼 공산당 독재를 오히려 강화시켰다. 1997년 한국을 비롯한 동아시아 국가에 외환위기가 찾아오자 잔뜩 겁을 먹고 과거 기획했던 개방 스케줄을 접게 된다. 구체적으로 WTO에 가입하기 위해 경상수지 분야의 개방이 이루어졌고, 나아가 자본수지 분야의 개방 계획도 잡혀 있는 상태였지만 이를 유보하는 뒷걸음 정책이 시행됐던 것이다. 1997년의 위기에서 한국은 완전변동환율제를 도입하며 외환시장을 과감히 개혁했지만, 같은 시점 그나마도 유지되던 제한적 환율 변동제를 묵살한 채 고정환율제로 뒷걸음친 것이 중국이었다. 2008년 미국에 금융위기가 발생하자 환율을 다시 한 번 묶으면서 자본시장의 개방은 언급도 못하고 있는 실정이다. 조금은 복잡한 분석을 필요로 하지만, 이 모든 뒷걸음질이 현재 중국경제를 옥죄고 있는 사실은 경제 전문가들에게는 상식으로 남아 있다.

또한 앞의 분석 역시 한국경제의 기본 축은 현재도 서방 국가를 중심으로 형성되어 있다는 사실을 보여 주고 있다. 기술, 자본 그리고 대외무역 등을 경제운영의 핵심 변수라 할 때 한국의 기술 및 자본 도입선이 여전히 서방, 특히 미국과 일본임은 부인할 수 없는 현실이다. 물론 한국은 세계적인 무역국가이므로 제일의 무역 파트너인 중국 역시 대단히 중요하다는 주장이 제기되는 것은 이상한 일이 아니지만, 여기서 중요한 것은 한국과 중국의 경제관계는 어떠한 전략적 고려도 없이 시장원리에 기초, 상호 간의 이해가 결집된 결과라는 사실이다. 바로 이것이 전략적으로 한국경제에 개입했던 미국 및 일본과 차이가 나는 점인데, 따라서 한중 경제관계의 성격 자체가 한미 및 한일관계와는 근본적으로 다르다는 실상을 확인하는 데는 무리가 없다.

중국경제에 대한 과대평가와 외교적 혼선

구체적으로 중국이 한국에 무역 보복을 하는 경우 한국이 곤란해질 수밖에 없다는 사실에 비추어 중국은 한국에 대해 엄청난 영향력을 지니고 있다는 주장이 이른바 친중 전문가들의 주장에서는 단골 메뉴로 등장한다. 그러면서 가장 흔히 드는 예가 양국 간 마늘 분쟁인데, 이야기의 전말은 다음과 같다. 중국산 냉동 마늘과 초산제조 마늘의 수입이 급증하자 국산 마늘 값이 폭락했고, 한국 농민들의 탄원을 받아들인 무역위원회의 산업피해 조사에 기초, 한국 재정경제부는 1999년 11월 18일부터 200일 동안 285%의 잠정긴급관세를 중국산 마늘에 부과하기로 결정한다. 그 후 2000년 6월 1일부터 3년간 위의 항목에 깐 마늘이 추가되어 평균 360%의 긴급관세가 정식으로 부과된 다음 중국이 이 조치에 보복하면서 문제는 불거졌다.

6월 7일 한국산 휴대용 무선전화기와 폴리에틸렌에 대해 중국이 전면 수입금지를 취한 것이 보복의 내용인데, 한국의 경우 중국산 마늘의 수입 제한 규모가 약 900만 달러인데 반해, 중국의 보복 조치 규모는 무려 5억 달러가 넘는 것이었다. 우선 보복의 규모가 비슷해야 한다는 WTO의 정신에 위배된다는 점을 지적할 수 있고, 2001년 11월 중국의 WTO 가입이 이루어지므로 가입 이전의 상황이라는 점이 눈에 띈다. 밀실 외교 담합을 통해 문제가 일단락됐지만, 합의 부속 조항에 한국의 긴급 발동권을 상당 부분 제한하는 내용이 숨겨져 있다는 사실이 밝혀지면서 정부는 굴욕 외교라는 비판을 받을 수밖에 없었다. 당시 현장 주무인 한덕수 대통령경제수석과 서규용 농림부 차관이 경질된 것은 사태의 본질을 보여 주고 있다.

그렇다면 한국 관료의 무능이 빚어 낸 사건을 중국 측의 힘에 일방적으로 당한 사례로 간주하는 것은 합리적인 평가일까? 바로 이런 사례에 기초 중국이 대단히 강하고 중요하므로 비위를 맞춰야 한다는 주장은 정당한 것일까? 아무튼 최근 중국 어선을 단속하면서 그들이 휘두른 흉기에 한국의 해경 한 분이 살해된 사건과 비교해 보면 다음의 사실을 발견할 수 있다. 해경 살해 사건에 대한 한국 사회의 비판은 중국에 대한 유약한 태도가 화를 불렀다는 것이었다. 마늘 분쟁의 경우도 밀실담합을 통해 양보한 것이 심각한 사회문제가 됐고, 그 결과 고위층들은 옷을 벗어야 했다. 앞서 동아시아 역학구도를 세밀히 분석한 목적이 바로 이런 외교적 함정과 오류를 시정하기 위한 것임은 물론이다. 또한 분쟁 당시 중국은 WTO 가입국이 아니었다. WTO 규정에는 회원국이 무역 보복 조치를 단행하는 경우 WTO 분쟁해결기구의 승인을 받도록 되어 있다. 당연한 결과로 WTO 가입국인 현시점에서 중국이 WTO 규정을 어겨가며 그토록 무리한 담합을 강요할 수 없다는 사실은 이미 상식에 속한다. 그렇다면 이러한 자세한 내용을 생략한 채 중국이 엄청나다는 사례로 마늘 분쟁이 회자되는 상황은 어떻게 이해할 수 있을까?

양국의 무역구조를 살펴봐도 비슷한 결론이 나온다. 한국의 경우 고급 제품의 생산에 필요한 첨단 부품과 제조 기계의 상당 부분을 일본에 의존하고 있다. 따라서 한국의 수출이 늘면 일본으로부터의 수입 또한 자동으로 증가하게 되는데, 이것이 바로 1965년 국교정상화 이후 한국이 일본에 대해 지속적으로 무역적자를 보이는 이유이다. 과거 수십 년간 무역역조를 극복하기 위해 한국 정부와 기업이 노력했지만 현재까지 바람은 이루어지지 않고 있다. 즉 상기의 주요 품목과 관련해서는 일본에 대단히 의존적이라는 구조적인 문제가 있다는 뜻이다. 흥미롭게도 이와 비슷한 현상은 한국과 중국의 무역관계에서 재현되고 있다. 한국의 대중국 수출품 중 약 70%가 중간재라는 통계를 보면 그것은 분명 현실이다. 당연한 결과로 한국은 중국과 교역을 시작한 이래 현재까지 지속적인 무역흑자를 기록하고 있는데, 이 말은 뒤집어 중국의 경우 주요 부품과 기계 분야에서는 한국에 의존적이라는 사실을 의미한다. 상황이 이럴 진데, 중국으로부터의 무역보복을 그토록 겁낼 필요가 있을까?

중국은 최근 경제분야에서도 포위의 압박을 느꼈는지, 미국과 일본을 심하게 비난한 적이 있다. 환태평양경제동반자협정

(TPP, Trans-Pacific Partnership) 교섭에 일본이 참여하기로 결정하면서 문제는 불거졌다. 2005년 뉴질랜드, 싱가포르, 칠레, 브루나이 4개국 협의가 논의의 출발이었지만, 2008년 교섭에 참여하면서 미국은 협정의 미래를 좌우하는 입장에 서게 된다. 그 후 호주, 베트남, 말레이시아, 페루 등이 합류하고, 이윽고 일본도 협의를 결정하면서 중국을 포위하는 전술을 미국과 일본이 모색하고 있다는 것이 중국 측의 주장이다. 협정은 서비스 및 지적 재산권을 포함, 무역과 관련된 거의 전 분야의 자유화를 목표로 하고 있고, 아울러 서비스 산업의 핵심인 금융시장의 개방도 포함되어 있다.

문제는 중국의 경제 수준에서 이런 조건을 충족시킬 수는 없다는 사실이다. 다소 복잡한 분석이 필요하지만, 특히 자본시장이 개방되는 경우 중국의 투입 중심 경제성장정책이 유지될 수는 없으므로 중국으로서는 참여하고 싶어도 그럴 수 없는 처지에 있다. 그렇다면 미국이 중국을 군사적으로 포위하며 끌어들인 싱가포르, 베트남, 호주 그리고 말레이시아 등이 환태평양경제동반자협정에 포함된 것은 우연일까? 만약 우연이라면 중국은 반발하지 않았을 것이다. 미국 측의 메시지는 분명해 보이는데, 미국이 오랫동안 요구한 시장개방을 단행하며 중국이 이 모임에 합류하든지, 아니면 현재의 폐쇄체제를 유지하며 포위를 당하든지 선택은 중국이 하라는 의미를 담고 있다. 아무튼 중국 측의 심한 반발을 보면 중국이 군사적으로나 경제적으로 포위되고 있다는 사실에 민감해지기 시작한 것만은 확실해 보인다.

에필로그: 외교적 함정을 넘어

 이상 한국의 태생적 운명, 지정학적 위상, 동아시아 역학구도, 그리고 관련 당사국들의 이해 등을 자세히 짚어 보았다. 우선 대한민국의 성립과정과 안보의 확충, 그리고 경제적 번영을 살펴보면 한국이 서구가 만들어 놓은 질서를 가장 잘 이해했고, 이를 활용할 활로를 찾았다는 사실을 알 수 있다. 여기에 핵심 역할을 한 국가가 미국임은 물론이다. 당시 형성된 국가 간의 이해관계는 지금도 거의 변함없이 유지되고 있다. 한국의 안보는 물론, 경제관계의 핵심 이해 당사자와 그들의 역할이 사실상 거의 그대로 유지되고 있다는 뜻이다. 바로 이 점을 강조하기 위해 그럴 필요가 없어 보이는 한국의 독립과 안착과정을 자세히 살펴본 것이다.

 우리의 외교사가 보여준 가장 극적인 교훈은 한국이 얼마나 아슬아슬하게 생존했는가이고, 위기 시마다 지도자와 국민이 난관을 얼마나 잘 헤쳐 왔는가일 것이다. 모두에서는 일본 외교사의 가장 빛나는 업적인 영일동맹을 소개했다. 한국의 대북관계에는 어떤 함정이 있는가를 알아보기 위해 로카르노 평화조약과 스탈린의 평화공세도 살펴봤다. 이 모두는 영민한 외교전략가들이 왜 필요한지, 그것에 기초 뛰어난 외교술이 발휘되는 경우 국가의 장래는 어떻게 빛이 나는지를 알아보기 위해서였다. 한국의 지정학적 운명이 앞서 설명한 바와 같을진대 한국에게 외교가 얼마나 중요한지는 더 이상의 설명이 필요치 않을 것이다. 문제는 원래 평화를 사랑하는 민족이다 보니, 가끔은 순진해지는 경우가 있다는 사실이다. 경제가 발전할수록 그런 경향은 더욱 뚜렷해지는데, 물론 여유가 있기에 그렇게 되는 면이 없지는 않다. 하지만 국제정세가 얼마나 냉혹한지는 부인할 수 없는 현실이고, 따라서 그것을 알아보기 위해 특히 한반도 주변의 역학구도를 자세히 살펴본 것이다.

낭만적인 접근이 특히 대북 및 대중외교에서는 어떤 결과를 초래하는지도 짚어보았다. 낭만적 정책의 대안으로 훌륭한 전략이 과거 이미 있었음에도 이를 간과하는 경향이 있어 체제 수준에서 단행된 한국 최초의 외교전략, 즉 북방정책을 소개한 것이다. 아무튼 낭만적 외교의 허실이 드러난 이상 보다 세련된 체제수준의 전략을 곱씹어 보는 것은 나름 가치가 있을 수밖에 없다. 체제수준의 압박이 가해지는 경우 국가가 어떻게 행동하는지는 역사적으로나 이론적으로 실증된 바 있으므로, 이에 기초 한국의 대외전략을 다시 검토해 보는 기회도 마련해 봤다. 여기서 체제 수준의 변화는 한국을 중심으로 이해를 같이하는 주변국 혹은 이해 당사국의 힘을 한곳으로 결집시키는 것을 의미한다. 국제정치의 기본 원리가 가르쳐 주는 바이지만, 중국을 제외한 이해 당사국 거의 모두가 중국의 팽창을 견제하기 위한 가시적인 움직임을 보인다는 것이 체제 수준의 변화를 집중 조명한 이유였다. 만약 우리에게 유리한 동아시아 역학구도가 형성되고 있음에도 불구하고 그것을 활용하지 못한다면 한국 외교의 능력이 그만큼밖에 안 된다는 말, 그 이상도 이하도 아니게 된다.

끝으로 한국이 중국과는 얼마나 다른 길을 걸어 왔는지도 살펴봤다. 한마디로 개혁과 개방에 관한 한 중국은 한국의 적수가 될 수 없다는 것이 분석의 결론이다. 이 말은 곧 한국의 경우 많은 아시아 국가들의 모델이 될 수 있는 반면 중국은 그렇지 않다는 사실을 의미한다. 첨단의 과학기술이 지배하고, 세계의 모든 국가가 실시간으로 커뮤니케이션을 할 수 있는 대단히 개명된 21세기에, 적어도 질적인 측면에서는 한국이 중국과는 비교가 안 되는 대우를 받고 있는 현실은 그 자체로 대단히 중요한 외교 자산이다. 즉 문제가 발생하여 세계 여론에 호소하는 경우에도 한국의 합리성이 유지된다면 국제적 여론의 흐름은 한국에게 유리하게 잡힌다는 함의가 담겨져 있다. 이렇게 보면 한국이 활용할 외교자원은 의외로 많다는 사실을 알 수 있는데, 하지만 그것을 극대화시키는 것은 정책결정자는 물론, 전문가, 그리고 더욱 중요하게는 대한민국 국민의 인식 수준과 의지에 달려 있다.

주

1) 이 절의 일부는 다음에 기초하고 있다: 김기수, 『중국 도대체 왜 이 러나』, 살림출판사, 2010, pp. 25-30.

2) 이춘근, 「미국의 신 동아시아 전략과 주한 미군」, 강성학·이춘근· 김태현 외, 『주한미군과 한미 안보 협력』, 세종연구소, 1996, p. 58.

3) 같은 글.

4) 이 절과 다음 절은 김기수, 『중국 도대체 왜 이러나』, pp. 30-34에 서 발췌, 수정 및 보완되었음.

5) 이 절의 일부는 같은 책, pp. 65-67에 기초하고 있음.

6) 이 절은 다음을 축소, 발췌한 것이다: 김기수, "러시아 가스관 계획 에서 따져야 할 것들 : 국제정치경제적 해석," 「정세와 정책」 2011 년 10월호, 세종연구소.

7) Edward Hallett Carr, *The Twenty Years' Crisis 1919-1939 : An Introduction to the Study of International Relations*, first published in 1939 (New York : Harper & Row, Publishers, 1964), pp. 117-120.

8) 노태우, 『노태우 회고록, 하 : 전환기의 대전략』, 조선뉴스프레스, 2011, p. 285.

9) 같은 책, pp. 235-236, 260-261.

10) The US Department of Defense, *Quadrennial Report*, September 30, 2001, pp. 2-4.

11) Hillary Clinton, "America's Pacific Century," *Foreign Policy*, November 2011, pp. 56-57.

12) 같은 글, pp. 58-60.

13) NEAR 재단 엮음, 『미·중 사이에서 고뇌하는 한국의 외교·안보 연미화중으로 푼다』, 매일경제신문사, 2011, p. 5, 7, 313.

대한민국 리스크 - 외교편

21세기 대한민국 대외전략 : 낭만적 평화란 없다

| 펴낸날 | 초판 1쇄 2012년 2월 1일 |
| | 초판 2쇄 2015년 7월 24일 |

지은이	김기수
펴낸이	심만수
펴낸곳	(주)살림출판사
출판등록	1989년 11월 1일 제9-210호

주소	경기도 파주시 광인사길 30
전화	031-955-1350 팩스 031-624-1356
기획·편집	031-955-1365
홈페이지	http://www.sallimbooks.com
이메일	book@sallimbooks.com

| ISBN | 978-89-522-1700-4 04080 |

122 모든 것을 고객중심으로 바꿔라 `eBook`

안상헌(국민연금관리공단 CS Leader)

고객중심의 서비스전략을 일상의 모든 부분에 적용해야 한다는 가르침을 주는 책. 나 이외의 모든 사람을 고객으로 보고 서비스가 살아야 우리도 산다는 평범한 진리의 힘을 느끼게 해 준다. 피뢰침의 원칙, 책임공감의 원칙, 감정통제의 원칙, 언어절제의 원칙, 역지사지의 원칙이 사람을 상대하는 5가지 기본 원칙으로 제시된다.

233 글로벌 매너

박한표(대전와인아카데미 원장)

매너는 에티켓과는 다르다. 에티켓이 인간관계를 원활하게 해주는 사회적 불문율로서의 규칙이라면, 매너는 일상생활 속에 에티켓을 적용하는 방식을 말한다. 삶을 잘 사는 방법인 매너의 의미를 설명하고, 글로벌 시대에 우리가 기본적으로 갖추어야 할 국제매너를 구체적으로 소개한 책. 삶의 예술이자 경쟁력인 매너의 핵심 내용을 소개한다.

350 스티브 잡스 `eBook`

김상훈(동아일보 기자)

스티브 잡스는 시기심과 자기과시, 성공에의 욕망으로 똘똘 뭉친 불완전한 사람이었다. 하지만 동시에 강철 같은 의지로 자신의 불완전함을 극복하고 사회에 가치 있는 일을 하고자 노력했던 위대한 정신의 소유자이기도 하다. 이 책은 스티브 잡스의 삶을 통해 불완전한 우리 자신에 내재된 위대한 본성을 찾아내고자 한다.

352 워렌 버핏 `eBook`

이민주(한국투자연구소 버핏연구소 소장)

'오마하의 현인'이라고 불리는 워렌 버핏. 그는 일찌감치 자신의 투자 기준을 마련한 후, 금융 일번지 월스트리트가 아닌 자신의 고향 오마하로 와서 본격적인 투자사업을 시작한다. 그의 성공은 성공하는 투자의 출발점은 결국 자기 자신이라는 점을 보여 준다. 워렌 버핏의 삶을 통해 세계 최고의 부자는 어떻게 만들어지는가를 살펴보자.

145 패션과 명품

eBook

이재진(패션 칼럼니스트)

패션 산업과 명품에 대한 이해를 돕는 책. 샤넬, 크리스찬 디올, 아르마니, 베르사체, 버버리, 휴고보스 등 브랜드의 탄생 배경과 명품으로 불리는 까닭을 알려 준다. 이 밖에도 이 책은 사람들이 명품을 찾는 심리는 무엇인지, 유명 브랜드들이 어떤 컨셉과 마케팅 전략을 취하는지 등을 살펴본다.

434 치즈 이야기

eBook

박승용(천안연암대 축산계열 교수)

우리 식문화 속에 다채롭게 자리 잡고 있는 치즈를 여러 각도에서 살펴 본 작은 '치즈 사전'이다. 치즈를 고르고 먹는 데 필요한 아기자기한 상식에서부터 나라별 대표 치즈 소개, 치즈에 대한 오해와 진실, 와인에 어울리는 치즈 선별법까지, 치즈를 이해하는 데 필요한 지식과 정보가 골고루 녹아들었다.

435 면 이야기

eBook

김한송(요리사)

면(국수)은 세계 각국으로 퍼져 나가면서 제각기 다른 형태로 조리법이 바뀌고 각 지역 특유의 색깔이 결합하면서 독특한 문화 형태로 발전했다. 칼국수를 사랑한 대통령에서부터 파스타의 기하학까지, 크고 작은 에피소드에 귀 기울이는 동안 독자들은 면의 또 다른 매력을 발견할 수 있을 것이다.

436 막걸리 이야기

eBook

정은숙(기행작가)

우리 땅 곳곳의 유명 막걸리 양조장과 대폿집을 순례하며 그곳의 풍경과 냄새, 무엇보다 막걸리를 만들고 내오는 이들의 정(情)을 담아내기 위해 애쓴 흔적이 역력하다. 효모 연구가의 단단한 손끝에서 만들어지는 막걸리에서부터 대통령이 애호했던 막걸리, 지역 토박이 부부가 휘휘 저어 건네는 순박한 막걸리까지, 또 여기에 막걸리 제조법과 변천사, 대폿집의 역사까지 아우르고 있다.

253 프랑스 미식 기행 `eBook`

심순철(식품영양학과 강사)

프랑스의 각 지방 음식을 소개하면서 거기에 얽힌 역사적인 사실과 문화적인 배경을 재미있게 소개하고 있다. 누가 읽어도 프랑스 음식문화에 대해 어느 정도 이해할 수 있도록 복잡하지 않게, 이야기하듯 쓰인 것이 장점이다. 프랑스로 미식 여행을 떠나고자 하는 이에게 맛과 멋과 향이 어우러진 프랑스의 역사와 문화를 소개하는 책.

132 색의 유혹 색채심리와 컬러 마케팅 `eBook`

오수연(한국마케팅연구원 연구원)

색이 인간에게 미치는 영향과 이를 이용한 컬러 마케팅이 어떤 기법으로 발전했는가를 보여 준다. 색은 생리적 또는 심리적 면에서 사람들에게 많은 영향을 미친다. '컬러가 제품을 파는 시대'의 마케팅에서 주로 사용되는 6가지 대표색을 중심으로 컬러의 트렌드를 읽고 색이 가지는 이미지의 변화를 소개한다.

447 브랜드를 알면 자동차가 보인다

김흥식(「오토헤럴드」 편집장)

세계의 자동차 브랜드가 그 가치를 지니기까지의 역사, 그리고 이를 위해 땀 흘린 장인들에 관한 이야기. 무명의 자동차 레이서가 세계 최고의 자동차 브랜드를 일궈내고, 어머니를 향한 아들의 효심이 최강의 경쟁력을 자랑하는 자동차 브랜드로 이어지기까지의 짧지 않은 역사가 우리 눈에 익숙한 엠블럼과 함께 명쾌하게 정리됐다.

449 알고 쓰는 화장품 `eBook`

구희연(3020안티에이징연구소 이사)

화장품을 고르는 당신의 기준은 무엇인가? 우리는 음식을 고르듯 화장품 선택에 꼼꼼한 편인가? 이 책은 화장품 성분을 파악하는 법부터 화장품의 궁합까지 단순한 화장품 선별 가이드로써의 역할이 아니라 궁극적으로 당신의 '아름답고 건강한 피부'를 만들기 위한 지침서다.

eBook 표시가 되어있는 도서는 전자책으로 구매가 가능합니다.

㈜살림출판사
www.sallimbooks.com
주소 경기도 파주시 문발동 522-1 | 전화 031-955-1350 | 팩스 031-955-1355